Eren Coban

Erfolgreiches Change Management

Über die Bedeutung von Führung und Kommunikation in Veränderungsprozessen

Bibliografische Information der Deutschen Nationalbibliothek:
Die Deutsche Nationalbibliothek verzeichnet diese Publikation in der Deutschen Nationalbibliografie; detaillierte bibliografische Daten sind im Internet über http://dnb.d-nb.de abrufbar.

Impressum:

Copyright © Science Factory 2019

Ein Imprint der GRIN Publishing GmbH, München

Druck und Bindung: Books on Demand GmbH, Norderstedt, Germany

Covergestaltung: GRIN Publishing GmbH

Inhaltsverzeichnis

Abbildungsverzeichnis V

Abkürzungsverzeichnis VI

1 Einleitung **1**

    1.1 Problemstellung und Zielsetzung der Arbeit 1

    1.2 Aufbau der Arbeit und Methodik 5

2 Change Management und Change-Prozesse **6**

    2.1 Begriffsbestimmung: Change Management und Change-Prozess ... 6

    2.2 Ursachen organisatorischer Veränderungen 8

    2.3 Widerstände gegen den Veränderungsprozess 9

    2.4 Ergebnis: Der Erfolgsfaktor Mensch in Veränderungsprozessen .. 17

3 Führung und Kommunikation **21**

    3.1 Allgemeine Informationen zu Führung 21

    3.2 Allgemeine Informationen zu Kommunikation 24

    3.3 Klassische Führungsstile 28

    3.4 Führungstheorien 31

    3.5 Ergebnis: Führungsstile im Change-Prozess 39

4 Erfolgsfaktor Führung: Führungseigenschaften und -kompetenzen **42**

    4.1 Kommunikation 44

    4.2 Vision 44

    4.3 Vorbildfunktion 45

    4.4 Partizipation 46

5 Modelle zu Verhaltensweisen der Führungskräfte im Change-Prozess 47

5.1 Das Phasenmodell nach Kotter 47

5.2 Die Veränderungskurve: Das emotionsbasierte Modell 50

5.3 Der „Golden Circle" von Sinek 55

6 Praxisbeispiel 56

7 Zusammenfassung 58

Literaturverzeichnis 60

Internetquellen 67

Studienverzeichnis 67

Fachartikel 68

Fachzeitschrift 69

Abbildungsverzeichnis

Abbildung 1: Die Umsetzungslücke bei Veränderungen 3

Abbildung 2: Handlungsfelder des Veränderungsmanagements 7

Abbildung 3: Häufigste Auslöser des Wandels in Unternehmen 9

Abbildung 4: Allgemeine Symptome für Widerstände 11

Abbildung 5: Typische Einstellungen gegenüber dem organisatorischen Wandel 12

Abbildung 6: Die wichtigsten Herausforderungen bei der Realisierung von Veränderungsprojekten 14

Abbildung 7: Unterschiede zwischen Management und Leadership 23

Abbildung 8: Die „Die-4I-Führung" 38

Abbildung 9: Das „Full Range of Leadership"-Konzept 39

Abbildung 10: Eigenschaften einer erfolgreichen Führungsperson. 43

Abbildung 11: Die acht Phasen des Change Managements nach KOTTER 48

Abbildung 12: Verlauf eines Veränderungsprozesses aus Sicht der betroffenen Personen 52

Abbildung 13: Der „Golden Circle" von SINEK 55

Abkürzungsverzeichnis

AG	Aktiengesellschaft
bspw.	beispielsweise
bzgl.	bezüglich
bzw.	beziehungsweise
ca.	circa
CEO	Chief Executive Officer
d. h.	das heißt
DGFP	Deutsche Gesellschaft für Personalführung
et al.	et alia (und andere)
etc.	et cetera (und so weiter)
f.	folgende Seite
ff.	folgende Seiten
IBM	International Business Machines Corporation
i.d.R.	in der Regel
IW	Institut der deutschen Wirtschaft
lat.	Latein
S.	Seite
TNS	Taylor Nelson Sofres (Marktforschungsunternehmen)
vgl.	vergleiche
vs.	versus (gegen[über])
z. B.	zum Beispiel

1 Einleitung

„Panta rhei", „Alles fließt" und „Nichts ist so stetig wie der Wandel", wusste bereits Heraklit vor circa (ca.) 2500 Jahren.[1] Der Wandel und die Veränderung sind somit keine Phänomene des modernen Zeitalters. Allerdings sind Unternehmen heutzutage gezwungen, ihre Organisationsstruktur und Unternehmenskultur an die sich immer schneller und häufiger verändernden Umfeldbedingungen anzupassen. Durch die Globalisierung der Märkte, den Klimawandel oder auch die Finanzkrise standen die meisten Unternehmen in letzter Zeit vor ganz neuen Herausforderungen, die sie bewältigen mussten.[2]

Anhand einer umfassenden Analyse für Europa[3] stellt HARTWICH weitere Veränderungen dar, auf die sich sowohl die Gesellschaft als auch die Unternehmen allmählich einstellen müssen. Zu den Veränderungen gehören unter anderem die Zunahme der Migration nach Europa, die Beschleunigung des technischen Wissens und der Produktzyklen sowie das steigende Lebensalter der Menschen. Solche Analysen bezüglich (bzgl.) der zukünftigen Veränderungen stellen eine wesentliche Grundlage für strategische Entscheidungen – zum Beispiel (z. B.) in Bezug auf die Anpassung der Produkte und Dienstleistungen – dar.[4]

Daraus schließt sich: „Wandel ist nicht mehr eine Ausnahme für Unternehmen, sondern die Regel geworden".[5]

1.1 Problemstellung und Zielsetzung der Arbeit

Viele Unternehmen haben in den letzten zwei Jahrzehnten Veränderungen vorgenommen. Diese waren weitreichender als die Neu- und Umstrukturierungen der Vergangenheit. Aufgrund der veränderten Markt- und Wettbewerbsbedingungen führt dieser Wandel die Unternehmen

---

[1] Vgl. Kostka/Mönch, Change Management, S. 5.
[2] Vgl. Kostka/Mönch, Change Management, S. 5.
[3] Vgl. Scharioth et al., TNS Infratest und Siemens Studie: Horizons 2020, S. 267.
[4] Vgl. Hartwich, Grundlagen Change Management, S.13 f.
[5] Käsler, Führung im Wandel, S.10.

zwangsläufig zu einer Neubestimmung ihrer Erfolgsposition.[6] Obwohl vielen Unternehmen die Notwendigkeit einer Veränderung bekannt ist, haben sie dennoch große Schwierigkeiten, diese umzusetzen. Aus diesem Grund greifen viele Organisationen zur Unterstützung von externen oder internen Beratern.[7] Insgesamt hat sich vor diesem Hintergrund das Change Management daher heutzutage zu einem zusätzlichen und wichtigen Managementzweig entwickelt.[8]

Reorganisationen wie z. B. Kosten- und Strukturanpassungen wurden in der Vergangenheit oft durchgeführt, jedoch sind sie heute für eine langanhaltende Zukunftssicherung nicht mehr ausreichend. Aus diesem Grund müssen weitere Faktoren in Betracht gezogen werden. Denn Veränderungsprozesse von Unternehmen sind zu einem Aufgabenbereich geworden, der allein mit der zeitnahen Umsetzung von Rationalisierungsmaßnahmen nicht erfolgreich bewältigt werden kann. Auch die strategische Ausrichtung des Unternehmens sowie die Unternehmenskultur, seine Organisation und die angewandten Systeme und Technologien sind dabei maßgeblich zu berücksichtigen. Damit ist der Change von Unternehmen auch zu einer elementaren Daueraufgabe geworden, mit der sich alle Führungskräfte und Mitarbeiter[9] auseinandersetzen müssen.[10]

Dauerhaft kann nur erfolgreich sein, wer erreicht, diesen kontinuierlich erforderlichen Veränderungsprozess als festen Bestandteil unternehmerischen Denkens und Handelns zu begreifen und professionell zu gestalten.[11] WELCH[12] beschreibt diese Situation folgendermaßen: *„Drive change or it will drive you."*[13] Somit ist es von essenzieller Bedeutung, den Wandel

---

[6] Vgl. Vahs/Weiand, Workbook Change Management, S. 1.
[7] Vgl. Doppler et al., Unternehmenswandel gegen Widerstände, S. 13.
[8] Vgl. Vahs/Leiser, Change Management in schwierigen Zeiten, S.10.
[9] Aus Gründen der besseren Lesbarkeit wird auf die gleichzeitige Verwendung männlicher und weiblicher Sprachformen verzichtet. Sämtliche Personenbezeichnungen gelten gleichwohl für beiderlei Geschlecht.
[10] Vgl. Vahs/Weiand, Workbook Change Management, 2013, S. 1.
[11] Vgl. Kostka/Mönch, Change Management, S. 6.
[12] Jack Welch, ehemaliger Chief Executive Officer (CEO) von General Electric.
[13] Zitiert nach Picot et al., Management von Reorganisationen, S. 1.

aktiv voranzutreiben und ihn im besten Fall so zu gestalten, dass im Zuge des Wandels ein Wettbewerbsvorteil geschaffen wird.

Laut der IBM Studie[14] wird die Diskrepanz zwischen den erwarteten Veränderungen und dem bisherigen Erfolg eines Unternehmens beim Umgang mit Veränderungen immer größer. Aus der folgenden Abbildung wird erkennbar, dass zwischen 2006 und 2008 die Umsetzungslücke der nicht umgesetzten Veränderungen um 14 %-Punkte stieg.

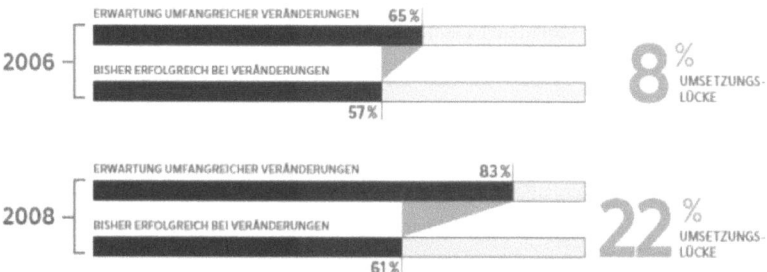

Abbildung 1: Die Umsetzungslücke bei Veränderungen[15]

Die Anzahl der erfolgreich durchgeführten Change-Prozesse ist überschaubar. Aus der *Capgemini-Studie* 2010 geht hervor, dass lediglich in jedem fünften Unternehmen das Change Management mindestens als „gut" empfunden wird.[16]

Aufgrund der Tatsache, dass Veränderungsprozesse nicht nur auf einer sachlichen Ebene, sondern auch auf einer psychologischen Ebene ablaufen, ist eine Veränderung für alle Beteiligten mit Unsicherheit, Zweifel, Ärger und Angst verbunden.[17] Viele Führungskräfte, die es gewohnt sind, autokratisch zu führen, sind in Zeiten des Wandels dieser neuen Situation nicht gewachsen. Sie bemerken, dass ihr aktueller Führungsstil nicht mehr adäquat und zeitgemäß ist.[18] Doch der Wandel stellt an die Führungskräfte

---

[14] Vgl. Jørgensen/Owen, IBM Studie 2008: Making Change Work, S. 9, ca. 1500 Befragte aus Unternehmen jeder Größe und weltweit.
[15] Vgl. Jørgensen/Owen, IBM Studie 2008: Making Change Work, S. 9.
[16] Vgl. Kyaw/Claßen, Capgemini Change Management Studie 2010, S. 28.
[17] Vgl. Exler et al., Restrukturierungs- und Turnaround-Management, S. 215.
[18] Vgl. Böning/Fritschle, Veränderungsmanagement auf dem Prüfstand, S. 23

ganz neue Anforderungen, für die gerade ältere Manager noch nicht ausgebildet wurden. Ungeachtet der persönlichen Ausbildung und Eignung obliegt ihnen jedoch die Aufgabe, dafür zu sorgen, dass die notwendigen Veränderungsprozesse mit den Mitarbeitern in einem Team kommuniziert und gemeinsam umgesetzt werden. Denn nur in diesem Fall lässt sich behaupten, dass aus Widerstand Zuversicht und aus einem Change Manager ein Change Leader[19] wird.[20]

Anhand mehrerer Studien[21] wird deutlich, dass die meisten Change-Projekte an den Ängsten und Zweifeln von Mitarbeitern und an den dadurch entstehenden Widerständen gegen die anstehenden Veränderungen scheitern.[22]

Aus diesem Grund zielt die vorliegende Bachelorarbeit darauf ab, die Bedeutung von Führung und Kommunikation in Veränderungsprozessen zu analysieren. Dabei wird im Wesentlichen der folgenden Forschungsfrage nachgegangen:

„Welche Eigenschaften und Anforderungen müssen Führungskräfte erfüllen, um Veränderungsprozesse aktiv zu gestalten und voranzutreiben?"

Um diese Zielsetzung möglichst präzise zu erfüllen und Unklarheiten zu vermeiden, sollen die folgenden Leitfragen einen systematischen Einstieg ermöglichen und für eine optimale Umsetzung möglichst präzise beantwortet werden:

- Was sind die Ursachen des Wandels und was löst dieser bei der Belegschaft aus?
- Welche Rolle spielt der Faktor Mensch im Veränderungsprozess und wie gehen die Führungskräfte mit der emotionalen Lage der Mitarbeiter um?

---

[19] Der Unterschied zwischen einem Change Manager und Change Leader wird im Kapitel 3.1.4 näher erläutert.
[20] Vgl. Exler et al., Restrukturierungs- und Turnaround-Management, S. 215.
[21] Siehe dazu u. a. IBM Studie 2010 und Capgemini Studie 2015.
[22] DGFP, Herausforderung Change Management, S. 14.

- Welche Führungskultur muss aufgebaut werden, um einen angemessenen Umgang mit dem Widerstand zu gewährleisten und so den Wandel erfolgreich zu meistern?

1.2 Aufbau der Arbeit und Methodik

Im Anschluss an diese Einleitung werden zunächst in Kapitel 2 anhand der relevanten Theorien und Publikationen aus der Forschungsliteratur die Begriffe Change Management und Change-Prozess erläutert. Ferner werden in diesem Kapitel anhand entsprechender wissenschaftlicher Studien sowohl die Auslöser des Wandels als auch die Widerstände, die seitens der Belegschaft aufkommen, dargestellt. Hierbei wird insbesondere auf den Faktor Mensch eingegangen, da dieser bei Veränderungsprozessen eine entscheidende Rolle spielt. Anschließend werden in Kapitel 3 die Begriffe Führung und Kommunikation erläutert. Im Rahmen dieses Kapitels werden zudem Führungsstile und -theorien behandelt, die in der Fachliteratur eine wichtige Rolle spielen. Im vierten Kapitel werden Erfolgsfaktoren hinsichtlich der wesentlichen Eigenschaften und Kompetenzen von Führungspersonen vor dem Hintergrund von Change-Prozessen zusammengefasst. Nachdem in Kapitel 5 die Theorie anhand von drei Modellen in Hinblick auf die Verhaltensweisen von Führungspersonen in Change-Prozessen vertieft wird, werden im sechsten Kapitel die daraus gewonnenen Erkenntnisse anhand eines kurzen Praxisbeispiels exemplifiziert. Abschließend folgen eine Zusammenfassung der Ergebnisse sowie ein Fazit.

2 Change Management und Change-Prozesse

2.1 Begriffsbestimmung: Change Management und Change-Prozess

Der aus dem Angelsächsischen stammende Begriff „**Change Management**" wird im deutschen Sprachraum oftmals mit „Veränderungsmanagement" oder „Transformationsmanagement" übersetzt.[23]

Der Begriff des Change Managements wird in der Literatur verhältnismäßig eindeutig interpretiert. Eine weit verbreitete und vor dem Hintergrund der Ausrichtung der Bachelorarbeit treffende Definition liefern RANK UND SCHEINPFLUG:

> „Change Management ist ein proaktives Vorgehen und umfasst die Planung, Implementierung, Kontrolle und Stabilisierung der Veränderungen in Strategien, Prozessen, Organisation und Kultur mit dem Ziel, die Effektivität und Effizienz des Veränderungsprozesses zu maximieren und die größtmögliche Akzeptanz der betroffenen Führungskräfte und Mitarbeiter zu erreichen."[24]

Die erwähnten vier Handlungsfelder Strategie, Prozesse, Organisation und Kultur (vgl. auch Abbildung 2) müssen ideal aufeinander abgestimmt werden, sodass ein „optimaler Fit" erreicht wird. Dabei müssen die Interdependenzen der Ziel- und Wirkungszusammenhänge bei der Planung und Implementierung der Change-Maßnahmen einbezogen werden.[25]

---

[23] Vgl. Kraus et al., Change Management, S.14.
[24] Rank/Scheinpflug, Change Management in der Praxis, 2010, S. 18.
[25] Vgl. Vahs, Organisation, 320 ff.

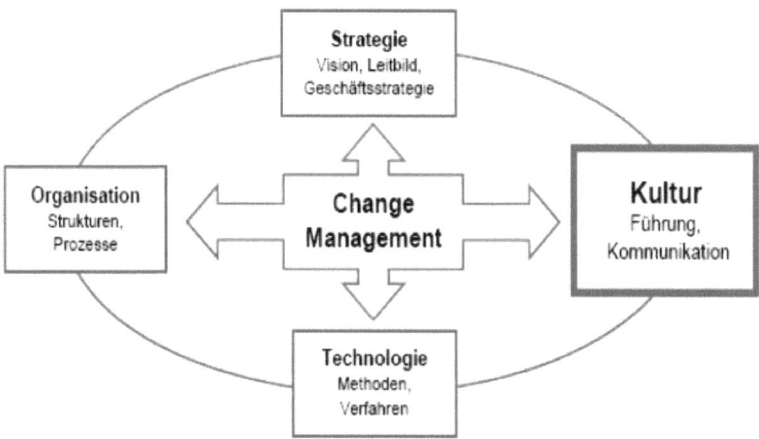

Abbildung 2: Handlungsfelder des Veränderungsmanagements[26]

In der vorliegenden Arbeit wird auf das Handlungsfeld KULTUR näher eingegangen. Der Grund dafür ist, dass die Unternehmenskultur als das „weiche" Handlungsfeld des Change Managements gegenüber den „harten" Faktoren (wie z. B. Kosten, Kapitalumschlag oder Durchlaufzeiten)[27] – vor allem durch den Wertewandel in der Gesellschaft – sehr stark an Bedeutung zugenommen hat.[28] Der Begriff **„Change-Prozess"** wird im deutschen Sprachraum mit „Veränderungsprozess" übersetzt und kann folgendermaßen beschrieben werden:

> „Ein Change-Prozess hat in der Regel die Form eines zeitlich begrenzten Projektes mit klarer Struktur, das durch Einflussnahme auf Erfolgsfaktoren steuerbar ist und Veränderungen auf struktureller und/oder Verhaltensebene nach sich zieht."[29]

---

[26] Eigene Darstellung in Anlehnung an Vahs, Organisation, S. 320 f.
[27] Vgl. Wirtschaftslexikon Gabler, „harte und weiche Faktoren", (26.06.16).
[28] Vgl. Vahs, Organisation, S. 322.
[29] DGFP, Herausforderung Change Management, S. 13.

Anhand dieser beiden Definitionen erkennt man, dass der Begriff „Veränderungsprozess" die einzelnen Veränderungen und deren Prozesse bedeutet. Der Begriff „Change Management" setzt sich hingegen mit dem generellen Umgang mit Veränderungen auseinander.[30]

2.2 Ursachen organisatorischer Veränderungen

Im Vorfeld ist zu erwähnen, dass der Unternehmenswandel sowohl durch externe als auch interne Ursachen notwendig wird. Bei den externen Ursachen geht es darum, dass Unternehmen immer mehr mit einem dynamischen Umfeld konfrontiert sind. Dies setzt eine permanente Anpassung der eigenen Strukturen voraus. Dabei wird der externe Wandel zum einen durch das Marktumfeld und zum anderen in den Märkten selbst verursacht. Unter dem Marktumfeld sind beispielsweise (bspw.) die technologische (z. B. Innovationssprünge), politische (z. B. gesetzliche Auflagen), ökologische (z. B. Ressourcenverknappung), ökonomische (z. B. Globalisierung), institutionelle (z. B. Komplexitätssteigerung) und soziale (z. B. Demographie) Veränderungen zu verstehen, wohingegen die Veränderungen in den Märkten selbst den zunehmenden Wettbewerbsdruck betreffen.[31] Wandel in Unternehmen findet auch durch Übernahmen von Unternehmen (neue Organisationsstruktur), Wachstum (neue Märkte), Nachfolgethemen (neuer Chef mit neuen Themen), Strategie (neue Ausrichtung) oder eben durch Krisenzustände statt. Zu den Ursachen des internen Wandels gehören z. B. flexiblere Arbeitszeitmodelle, Abbau hierarchischer Schranken und veränderte Führungsaufgaben.[32] VAHS bezeichnet den intern veranlassten Wandel als „geplanten Wandel" und den extern veranlassten Wandel als „ungeplanten Wandel". Demnach ist zu ergänzen, dass der geplante Wandel alle absichtlichen, gesteuerten, organisierten und kontrollierten Veränderungen zur zielgerichteten und antizipativen Organisationsgestaltung umfasst. Hierbei ist es das Ziel, die Effektivität und Effizienz des Unternehmens zu steigern. Bei dem ungeplanten Wandel

---

[30] Vgl. DGFP, Herausforderung Change Management, S. 13.
[31] Vgl. Lauer, Change Management, S. 13.
[32] Vgl. Doppler/Lauterburg, Change Management, 2008, S. 24 ff.

handelt es sich um einen nicht intendierten Wandel, welcher eine Zeit lang unbemerkt bleibt und zufällig ist. Somit ist der so genannte „ungeplante Wandel" etwas Notwendiges und Selbstverständliches.[33]

Wie oben dargestellt, gibt es in der Literatur eine Vielzahl von Gründen, die den Wandel in Unternehmen veranlassen. Auf die häufigsten Auslöser des Wandels in der heutigen Zeit wird im folgenden Abschnitt genauer eingegangen.

In der aktuellen Change Management-Studie 2015 von CAPGEMINI kommt man zu dem Ergebnis, dass ein Drittel der befragten Unternehmen *Reorganisation beziehungsweise (bzw.) Umstrukturierung* als wichtigsten Auslöser des Unternehmenswandels nennen (Zum Vergleich: Die Häufigkeit dieses Top-Auslösers lag in den vergangenen Jahren kontinuierlich über 50%). *Wachstumsinitiativen* spielen bei 16 % der befragten Unternehmen eine zentrale Rolle. Das erste Mal unter den Hauptanlässen stehen an dritter Stelle die *Digitalisierung von Geschäftsprozessen bzw. IT-Innovationen* gefolgt von *Kostensenkungsprogrammen*.[34] In Abbildung 3 sind die Ergebnisse der Change Management-Studie zusammengefasst.

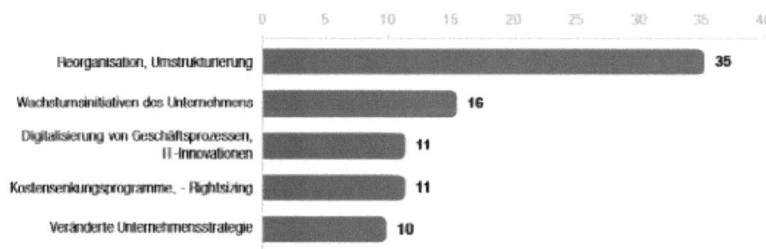

Abbildung 3: Häufigste Auslöser des Wandels in Unternehmen[35]

2.3 Widerstände gegen den Veränderungsprozess

Bevor sämtliche Ursachen von Widerständen gegen den Veränderungsprozess aufgeführt werden, wird zunächst die Bedeutung des Begriffs „Widerstand" nach DOPPLER/LAUTERBURG definiert:

---

[33] Vgl. Vahs/Weiand, Workbook Change Management, S. 2.
[34] Vgl. Bohn/Crummenerl, Capgemini Change Management Studie 2015, S. 12.
[35] Vgl. Bohn/Crummenerl, Capgemini Change Management Studie 2015, S. 12.

„Von Widerstand kann immer dann gesprochen werden, wenn vorgesehene Entscheidungen oder getroffene Maßnahmen, die auch bei sorgfältiger Prüfung als sinnvoll, »logisch« oder sogar dringend notwendig erscheinen, aus zunächst nicht ersichtlichen Gründen bei einzelnen Individuen, bei einzelnen Gruppen oder bei der ganzen Belegschaft auf diffuse Ablehnung stoßen, nicht unmittelbar nachvollziehbare Bedenken erzeugen oder durch passives Verhalten unterlaufen werden."[36]

Bei den Mitarbeitern löst also jede Veränderung Verunsicherung aus. Zum Teil führt diese Situation sogar zu Ängsten und zu einem Gefühl von Kontrollverlust. Da die Betroffenen nicht wissen, was auf sie zukommt bzw. wie sie sich in der neuen Situation verhalten sollen, sind Widerstände typische Begleiterscheinungen von Veränderungsprozessen. Diese sind jedoch zumeist auf den Mangel an Perspektiven sowie fehlende Akzeptanz aufgrund von sachlichen, persönlichen oder sogar machtpolitischen Gründe zurückzuführen. Darüber hinaus kann eine Reaktanz gegenüber einem neuen Zustand auch auf der Zufriedenheit des Mitarbeitenden mit dem momentanen Zustand oder auf fehlender Qualifikation beruhen. Ungeachtet der Frage, welches Movens konkret Auslöser der Blockadehaltung ist, bleiben viele Mitarbeiter aus Angst vor dem Scheitern im Veränderungsprozess tatenlos. Den meisten Angestellten fehlt dabei das Verständnis für den Veränderungsdruck, was auf fehlerhafte Kommunikation seitens der Führungsebene zurückzuführen ist. In der Tat werden häufig falsche oder insuffiziente Informationen über die Gründe und Notwendigkeiten der Veränderung an die Mitarbeiter weitergegeben.[37]

Doch woran erkennt man, dass Widerstände existieren? Der Widerstand ist nicht immer leicht zu erkennen. Grundsätzlich weiß man nur, dass irgendetwas "nicht stimmt". Die Anzeichen für Widerstand bei einzelnen Mitarbeitern, kleineren Gruppen oder auch im gesamten Unternehmen sind sehr unterschiedlich. Typisch sind etwa der steigende Krankenstand oder anderweitige Fehlzeiten der Mitarbeiter sowie eine steigende Anzahl von Fluktuationen. Gerüchtebildungen, emotionale Reaktionen,

---

[36] Doppler/Lauterburg, Change Management, 2014, S. 354.
[37] Vgl. Lippold, Die Personalmarketing-Gleichung, S. 203.

unmotivierte Mitarbeiter und die Zunahmen von Fehlern sind darüber hinaus häufige Formen des Widerstands.[38] Durch das passive Verhalten der Widerständler kann somit ihre Produktivität sinken, was sich für das Management spätestens in der Verschlechterung relevanter Kennzahlen bemerkbar macht.[39]

DOPPLER UND LAUTERBURG unterscheiden bei den Anzeichen für Widerstand zwischen verbal und nonverbal bzw. zwischen aktiv und passiv. Die Folgende Abbildung vermittelt ein besseres Verständnis davon, wie die verschiedenen Arten von Symptomen für Widerstände zu kategorisieren sind.

	verbal (Reden)	nonverbal (Verhalten)
aktiv (Angriff)	Widerspruch	Aufregung
	Gegenargumentation Vorwürfe Drohungen Polemik sturer Formalismus	Unruhe Streit Intrigen Gerüchte Cliquenbildung
passiv (Flucht)	Ausweichen	Lustlosigkeit
	Schweigen Bagatellisieren Unwichtiges debattieren Blödeln Ins Lächerliche ziehen	Unaufmerksamkeit Müdigkeit Fernbleiben Innere Emigration Krankheit

Abbildung 4: Allgemeine Symptome für Widerstände[40]

---

[38] Vgl. Doppler/Lauterburg, Change Management, 2014, S. 356.
[39] Vgl. Özdemir, Change Management Praxis, S. 66.
[40] Vgl. Doppler/Lauterburg, Change Management, 2014, S. 357.

Change Management und Change-Prozesse

Bisher hat man bei der Umsetzung des Change Managements die Erfahrung gemacht, dass sich Mitarbeiter in puncto Reaktionen auf eine geplante Veränderung in drei Personengruppen unterscheiden lassen: die optimistische Gruppe, die neutrale Gruppe und die pessimistische Gruppe. Diese Differenzierung lässt sich wiederum weiter in sieben verschiedene Typen von Personen untergliedern. Nachfolgend wird eine Kurve abgebildet, die die Anzahl der Mitarbeiter (y-Achse) in der jeweiligen Gruppe widerspiegelt. Dabei lässt sich eine ganze Bandbreite von Reaktionsarten beobachten, die von den absoluten Fürsprechern bis hin zu den erbitterten Widerständlern reichen. Besonders positiv für einen Change-Prozess sind die Visionäre und Missionaren, die die Veränderung des Unternehmens für wichtig und richtig erachten und dementsprechend voller Überzeugung am Veränderungsprozess mitwirken. Diesen stehen am anderen Ende der Skala die Emigranten gegenüber, die beschließen, den Wandel nicht mitzutragen und stattdessen das Unternehmen bei der ersten sich bietenden Gelegenheit verlassen.[41]

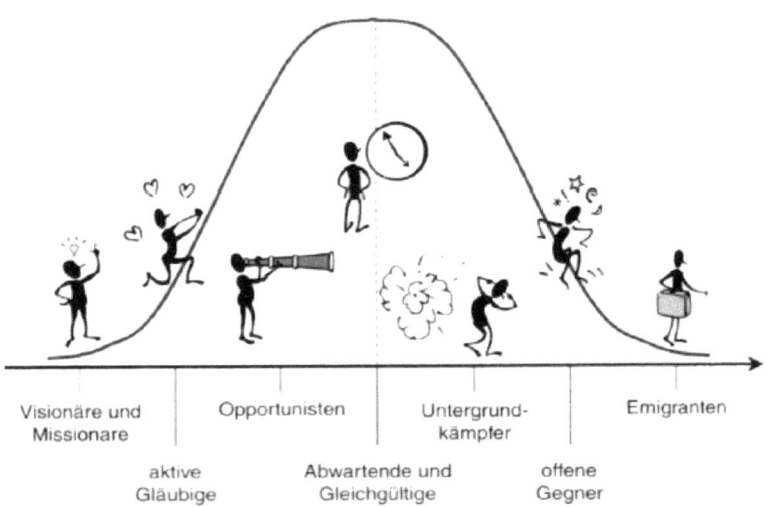

Abbildung 5: Typische Einstellungen gegenüber dem organisatorischen Wandel[42]

---

[41] Vgl. Vahs, Organisation, S. 329 ff.
[42] Vahs, Organisation, S. 330.

2.3.1 Ursachen für Widerstände

„Was der Bauer nicht kennt, das frisst er nicht".

„Der Mensch ist ein Gewohnheitstier".

Diese beiden Redewendungen beziehen sich genau auf die Grundursache für Widerstand. Generell wehren sich Menschen dagegen, die verankerten Gewohnheiten zu verändern. Ganz im Gegenteil tendieren Menschen dazu, bei dem Vertrauten und Bewährten zu bleiben. Steht nun einem Unternehmen der Wandel bevor, so bringt dieser früher oder später Widerstände und Unsicherheiten mit sich. In diesem Zusammenhang ist es möglich, dass Mitarbeiter Ängste entwickeln, die den Widerstand gegen den Veränderungsprozess fördern. Der Verlust des Arbeitsplatzes, neue Aufgaben oder Kollegen und anderweitige Veränderungen (Macht, Privilegien) sind hierbei mögliche Ausprägungen von Angstgefühlen.[43]

Doch wo liegt der Kern dieser Verunsicherung?

In der Studie der DGFP (Deutsche Gesellschaft für Personalführung)[44] wurde empirisch belegt, dass Interessens- und Zielkonflikte der Beteiligten als „Weicher Faktor" mit 69% das größte Problem bei Veränderungsprozessen darstellen. Dieser Aspekt wird gefolgt von unzureichende Ressourcen (40%), unzureichendem Rollenverständnis der umzusetzenden Personen (37%), unzureichender Kommunikation (31%) und unzureichender Qualifikation der Führungskräfte (30%). Anhand dieser Studie wird klar, dass „Weiche Faktoren" im Gegensatz zu den „Harten Faktoren" die größte Herausforderung darstellen und somit die wichtigsten Auslöser für Widerstände sind.

2.3.2 Erfolgsfaktor: Mensch

Für ein erfolgreiches Change Management sind die Prozesse von Beginn an so zu strukturieren, dass sie von allen Menschen, die in den Prozess verwickelt sind, für eine längere Zeit auch gelebt werden können. Plant man Veränderungsprojekte ausschließlich nach logischen und rationalen

---

[43] Vgl. Scherm/Pietsch, Organisation, S. 240.
[44] Erhebung durch DGFP e.V. im Jahr 2009, Anzahl der Befragten Unternehmen: 98 in Deutschland, S. 14 , <www.static.dgfp.de> (30.06.16).

Gesichtspunkten, kann es zu überraschenden Reaktionen der Mitarbeiter kommen, die für den erfolgreichen Ablauf des Prozesses kontraproduktiv sind. Das Verhalten der Menschen ist eben – auch im Arbeitsleben – sehr stark von Emotionen geprägt, so dass sie nicht ausschließlich rational handeln können.[45] Daher ist der Faktor Mensch eine entscheidende Determinante, um ein Veränderungsprojekt erfolgreich umzusetzen. Jedoch macht er das Planen der Veränderungsprozesse nicht gerade leichter. Die IBM hat sich diesem Thema auch gewidmet und hierzu die Studie „Making Change Work" durchgeführt. In dieser Studie wird mitgeteilt, dass der Faktor Mensch bei der Durchführung von Veränderungsprojekten die primäre Herausforderung darstellt – Kriterien wie das Verändern von Denkweisen und Einstellungen, die Unternehmenskultur sowie die Unterschätzung der Komplexität führen hier als „weiche Faktoren" die Liste an.[46]

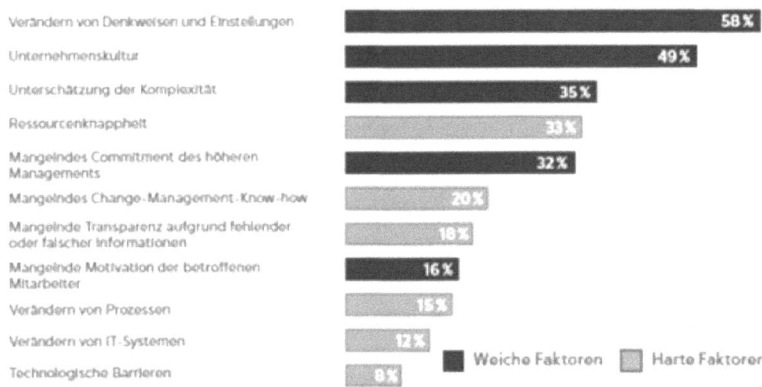

Abbildung 6: Die wichtigsten Herausforderungen bei der Realisierung von Veränderungsprojekten[47]

2.3.3 Unternehmenskulturelle Aspekte

Um eine Vorstellung von der Bedeutung einer „Unternehmenskultur" zu haben, ist es sinnvoll, sich noch einmal die Definition des allgemeinen „Kulturbegriffs" vor Augen zu führen:

---

[45] Vgl. Schmitz, con.cept.S, Erfolgsfaktor Mensch, S. 2. (30.06.16)
[46] Vgl. Jørgensen/Owen, IBM Studie, Making Change Work, S. 14.
[47] Jørgensen/Owen, IBM Studie, Making Change Work, S. 14.

Nach SCHEIN ist eine Kultur „[...] ein Muster gemeinsamer Grundprämissen, das die Gruppe bei der Bewältigung ihrer Probleme externer Anpassung und interner Integration erlernt hat, das sich bewährt hat und somit als bindend gilt; und das daher an neue Mitglieder als rational und emotional korrekter Ansatz für den Umgang mit diesen Problemen weitergegeben wird."[48]

Grundsätzlich lässt sich konstatieren, dass sich die Kultur eines Unternehmens aus den Komponenten „Wertvorstellungen", „Verhaltensnormen" sowie „Handlungsweisen" zusammensetzt. Die Unternehmenskultur formt und beeinflusst das Handeln, Denken und Fühlen der Organisationsmitglieder, schafft ein Gefühl der Zusammengehörigkeit im Unternehmen und gibt den Mitarbeitern Orientierung, Halt und Stabilität.[49] Die Einbindung der Mitarbeiter in den Veränderungsprozess ist ebenfalls ein wichtiger Bestandteil der geführten Unternehmenskultur. Mithin nimmt sie großen Einfluss auf das Verhalten und demnach auch auf die Bereitschaft für Veränderungen.[50]

Aus diesem Grunde betonen auch Unternehmen wie z. B. die AXA Konzern Aktiengesellschaft (AG) oder Allianz Deutschland AG innerhalb ihrer Leadership Dimensions[51] bzw. Leadership Values[52] das Thema Wandel, das nicht nur von Führungskräften, sondern auch von den Mitarbeitern vorangetrieben werden soll.[53]

Zu erwähnen ist, dass eine Unternehmenskultur kein dauerhaftes bzw. starres Konstrukt, sondern ein lebhafter und dynamischer Prozess ist. Dies rührt nicht zuletzt daher, dass nicht nur das Personal von der Kultur seines Unternehmens beeinflusst wird, sondern auch selbst diese

---

[48] Schein, Organizational Culture and Leadership, S. 9.
[49] Vgl. Bartscher/Stöckl, Veränderungen erfolgreich managen, S. 64.
[50] Vgl. Rank/Scheinpflug, Change Management in der Praxis, 2008, S. 5.
[51] Die Leadership Dimensions enthalten heute Werte wie Teamorientierung, Teamführung, Verinnerlichung der AXA-Werte und eine Einführung zum Thema Wandel. Früher wurden hier ausschließlich qualitative Werte als Evaluationskriterien aufgenommen, wie z. B. Fachwissen, Arbeitseinsatz, Arbeitsmenge und Arbeitsqualität.
[52] Ein Rahmenkonzept für die Zielvereinbarungen von Führungskräften sowie Mitarbeitern.
[53] Vgl. Allianz Deutschland AG, https://www.allianz.com/de/ueber_uns/strategie_werte/fuehrungswerte/ (10.08.16).

Unternehmenskultur immer wieder aufs Neue aktiv verändert.[54] Auch der stetige organisatorische Wandel wird durch diese Wechselwirkung beeinflusst. Zu den starken Einflussfaktoren in diesem Zusammenspiel gehören bspw. die unterschiedlichen Persönlichkeiten im Unternehmen.

Beständige Veränderungen im Umfeld oder in der Strategie eines Unternehmens bringen – wie bereits eingangs erwähnt – Unruhe in die Organisation. Nach DOPPLER UND LAUTERBURG sind jedoch insbesondere kreative Unruhen bei Veränderungen erforderlich, da sie die Chance auf eine maßgebliche Weiterentwicklung des Unternehmens mit sich bringen. Eine wesentliche Voraussetzung hierfür ist jedoch, dass zum einen die Organisationsmitglieder experimentierfreudig sind und zum anderen innovative Ideen von den Führenden und Mitarbeitern geschätzt bzw. belohnt werden. Konservative Verhaltensweisen müssen dafür mit modernen ersetzt werden. Da es in der Natur eines Menschen liegt, sich sehr schwer von bekannten Gewohnheiten zu trennen, kann die Umstellung wiederum zu Konflikten innerhalb der Belegschaft führen. Aus diesem Grund ist es von großer Bedeutung, diese Unruhen frühzeitig zu identifizieren und eine Unternehmenskultur zu schaffen, die innovativen Veränderungen positiv gegenübersteht. Um ein Zusammengehörigkeitsgefühl herzustellen und in schwierigen Zeiten Beruhigung zu vermitteln, ist auch hier eine gute Kommunikation hilfreich.[55]

Viele Unternehmen haben bereits vor langer Zeit erkannt, dass die Bereitschaft, sich zu verändern bzw. Innovationen voranzutreiben, eine entscheidende Komponente für den Unternehmenserfolg darstellt. So hat z. B. auch die Henkel AG & Co. KGaA seine Unternehmenswerte durch die Slogans „Wir legen unseren Fokus auf Innovationen" und „Wir verstehen Veränderungen als Chance" entsprechend fokussiert und damit maßgeblich ein Bewusstsein für die permanente Bereitschaft zum Wandel geschaffen.[56]

---

[54] Vgl. Doppler/Lauterburg, Change Management, 2008, S. 68 f.
[55] Vgl. Doppler/Lauterburg, Change Management, 2014, S. 67 f.
[56] Vgl. Vahs, Organisation, S. 334.

2.4 Ergebnis: Der Erfolgsfaktor Mensch in Veränderungsprozessen

2.4.1 Menschliche Grundbedürfnisse

Welche menschlichen Bedürfnisse stehen bei Veränderungsprozessen im Vordergrund und worauf legen die Betroffenen besonders großen Wert? Laut GERKHARDT haben die menschlichen Grundbedürfnisse und Emotionen einen wesentlichen Einfluss auf den Umgang mit Veränderungen.[57] Es gibt laut HRON, FREY UND LÄSSIG in Bezug auf Veränderungsprozesse sieben Grundbedürfnisse, die einen schwerwiegenden Einfluss haben:[58]

- Wahrnehmung von Notwendigkeit und Sinn,
- Vorhersehbarkeit und Transparenz,
- Beeinflussbarkeit und Kontrolle,
- Wahrnehmung der Zielklarheit,
- Gerechtigkeit und Fairness,
- Wahrnehmung des Nutzens der Veränderung,
- Vertrauen.

Die vom Wandel betroffenen Mitarbeiter sehnen sich nach dem „Warum?" und „Wozu?". Aus diesem Grund ist die Vermittlung des **Sinns** der Veränderung (Ziel, Zweck, Nutzen, Dringlichkeit etc.) an die Betroffenen durch die Führungskraft mittels **transparenter Informationen** zwingend notwendig.

Unerwartete Veränderungen – wie z. B. neue Arbeitsbedingungen – können bei den Mitarbeitern Stress verursachen und ein Gefühl des Kontrollverlustes auslösen. Die erlebte **Kontrolle** ist für den Menschen wichtig, da der Beteiligte das Gefühl bekommt, eigenverantwortlich über Handlungsmöglichkeiten zu verfügen und somit unerwünschte Ereignisse reduzieren zu können. Zudem entsteht durch die Anteilnahme aller Betroffenen an den Veränderungsprozessen eine Erhöhung der Identifikation und Einsatzbereitschaft zur Mitwirkung. Auch die Wahrnehmung einer

---

[57] Vgl. Gerkhardt, Erfolgsfaktoren und Bewertungskriterien in Change Management Prozessen, S. 67.
[58] Vgl. Hron et al., Wirtschaftspsychologie, 2005, S. 123 f.

Beeinflussbarkeit der Ereignisse und Veränderungen können dabei helfen, Stress und Ängste zu reduzieren.[59] Die Führungskraft ist durch eine klare Verteilung von Aufgaben, Kompetenzen und Verantwortung in der Lage, dem Mitarbeiter bei der Orientierung mit dem Neuen zu helfen und ihm die Vision näherzubringen. **Zielklarheit** führt nämlich zu gesteigerter Leistung, Energie und Arbeitsmotivation.[60] Eines der wesentlichen menschlichen Grundbedürfnisse im Veränderungsprozess ist der Wunsch nach **Gerechtigkeit und Fairness**. Ob diese Grundwerte eingehalten oder verletzt werden, beeinflusst nachhaltig, wie die Betroffenen sich fühlen und agieren. Will man die Wahrnehmung von Gerechtigkeit und Fairness positiv beeinflussen, ist sowohl die „Kommunikation" als auch die Vermittlung eines „gemeinsamen Problembewusstseins" zwingend benötigt. Ob die Veränderung dem Mitarbeiter einen persönlichen **Nutzen** und Vorteil bringt, ist ebenfalls entscheidend. Wenn dies nicht gegeben ist, ist der Sinn der Veränderung dem Betroffenen nicht klar. Dies bringt als Folge eine sinkende Motivation mit sich.

Das **Vertrauen** ist der letzte entscheidende psychologische Faktor, der die Grundlage für einen erfolgreichen Veränderungsprozess darstellt. So ist dieser bedeutsame Faktor das Fundament jeder positiven Beziehung zwischen Führendem und Geführten. Er beeinflusst sowohl, wie glaubwürdig Erklärungen seitens der Führungseben erscheinen, als auch ob Handlungen als legitimiert wahrgenommen werden oder nicht. GERKHARDT UND FREY halten daher fest, dass Vorgesetzte die individuellen Grundbedürfnisse der Betroffenen im Rahmen von Veränderungen kennen und sich über deren Wirkung auf verhaltensbezogener, kognitiver und emotionaler Ebene im Klaren sein müssen.[61]

---

[59] Vgl. Gerkhardt/Frey, Erfolgsfaktoren und psychologische Hintergründe in Veränderungsprozessen, S. 54 ff.
[60] Vgl. Locke/Latham, A theory of goal setting and task performance, S. 288 ff.
[61] Vgl. Gerkhardt/Frey, Erfolgsfaktoren und psychologische Hintergründe in Veränderungsprozessen, S. 56 ff.

2.4.2 Umgang mit Widerstand

Veränderungen führen immer zu Widerstand. Dabei enthält der Widerstand gegen Veränderungsprozesse sogar eine verschlüsselte Botschaft. Denn die Ablehnung rationaler Argumente und Forderungen beruht in der Regel (i.d.R.) auf ernstzunehmenden emotionalen Gründen. Deshalb ist es wichtig, mit dem Widerstand zu gehen und nicht gegen ihn.[62] DOPPLER UND LAUTERBURG empfehlen in diesem Zusammenhang ausdrücklich den konstruktiven Umgang mit Widerständen.[63] Es gibt sehr unterschiedliche Formen von Widerstand, die zum Teil kaum erkennbar sind. Erfahrene Führungskräfte, die wissen, wie organisatorische Veränderungen erfolgreich umzusetzen sind, sind daher eher in der Lage, aufkeimende Gegenströme zu erkennen. Unabhängig davon, ob es sich hierbei um versteckte oder offen erkennbare Widerstände handelt, müssen diese von den Change Leadern korrekt erkannt, gedeutet und im Sinne der Veränderungsziele eingesetzt werden.[64] Wird Widerstand – in welcher Form auch immer – nicht frühzeitig erkannt, kann es zu ernsthaften Verzögerungen, Blockaden und kostenintensiven Fehlschlägen kommen.[65] Um mit dem Widerstand konstruktiv umzugehen, ist das Verständnis der Mitarbeiter für die Ursache des Wandels vonnöten.[66]

Im Folgenden werden exemplarische Maßnahmen von Führungskräften zur Überwindung von Widerständen der Mitarbeiter aufgeführt:[67]

- rechtzeitige und offene Information aller Betroffenen über Auslöser und Ziele des Wandels, sodass die Gründe für die Durchführung eines Veränderungsprozesses auch nachzuvollziehen sind.
- aktive Partizipation aller Betroffenen an der Planung und Implementierung.

---

[62] Vgl. Doppler/Lauterburg, Change Management, 2014, S. 363 f.
[63] Vgl. Doppler/Lauterburg, Change Management, 2014, S. 354.
[64] Vgl. Özdemir, Change Management Praxis, S. 65.
[65] Vgl. Doppler/Lauterburg, Change Management, 2014, S. 354.
[66] Vgl. Rosenstiel et al., Führung von Mitarbeitern, S.563.
[67] Vgl. Vahs, Organisation, S. 340 f.

- Aufbau eines vertrauensvollen Arbeits- und Kommunikationsklimas.
- Betroffene auf erforderliche (methodisch-fachliche und persönliche) Qualifikationen trainieren und coachen.
- langjährige Arbeits- und Sozialbeziehungen berücksichtigen.
- Personen, die vom Wandel negativ betroffen werden, schützen (z. B. durch eine verbindliche Zusage, dass keine Entlassungen erfolgen).
- das Erlauben von Fehlern, um das Engagement zu erhöhen, nach neuen Lösungsansätzen zu suchen und diese auch umzusetzen.

3 Führung und Kommunikation

3.1 Allgemeine Informationen zu Führung

3.1.1 Begriffsbestimmung: Führung

Der Führungsbegriff wird oft den Begriffen Management und Leitung bzw. Leadership zugeordnet.[68] Jedoch wird er in der Literatur sehr unterschiedlich definiert. STAEHLE versteht unter Führung „die Beeinflussung der Einstellungen und des Verhaltens von Einzelpersonen sowie der Interaktionen in und zwischen den Gruppen, mit dem Zweck, bestimmte Ziele, zu erreichen."[69] ROSENSTIEL ergänzt, dass sich diese Ziele meistens aus den Unternehmenszielen ableiten. Dabei können bspw. eine Verbesserung des Betriebsklimas, höhere Umsätze oder die Erreichung bestimmter Qualitätsstandards als Interimsziele angestrebt werden. Zu den wichtigsten Bestandteilen der Führung gehört das Verhalten des Vorgesetzten, seine Art, die Ziele den Unterstellten zu verdeutlichen, sie durch Gespräche zu motivieren, Aufgaben zu koordinieren und zu guter Letzt die Ergebnisse zu kontrollieren. Mit dem Einsatz von adäquaten Kommunikationsmitteln ist man schließlich in der Lage, die Einstellungen der Mitarbeiter zielorientiert zu lenken.[70]

3.1.2 Hauptaufgaben einer Führungskraft

Grundsätzlich obliegen Führungspersonen drei zentrale Aufgaben. Die erste besteht in der Zukunftssicherung. Hier ist die Frage, welche Maßnahmen heute ergriffen werden müssen, damit man auch in der Zukunft die Aufgaben erfolgreich erfüllen kann. Diese liegen bspw. in der Sicherstellung der Infrastruktur sowie in der effizienten Planung der zukünftigen Ressourcen. Die Menschenführung gehört ebenfalls zu den wichtigsten Aufgaben einer Führungskraft. Mitarbeiter müssen ausgebildet und betreut werden. Harmonisierende und vor allem funktionierende Teams sind ebenfalls von Führungskräften zu entwickeln. Bei außergewöhnlichen

---

[68] Vgl. Lippold, Die Unternehmensberatung, 2013, S. 484.
[69] Staehle, Organisation und Führung sozio-technischer Systeme, S. 15.
[70] Vgl. Rosenstiel et al., Führung von Mitarbeitern, S. 3 f.

Fragestellungen gilt es, die Mitarbeiter zu betreuen und sie zu unterstützen. Zu guter Letzt zählt zu den wesentlichen Aufgaben das Management des Changes im Unternehmen, also des permanenten organisatorischen Wandels. Hier stehen die Koordination der alltäglichen Geschäfte und zusätzlich der Projektarbeit, die Sicherstellung der internen und externen Kommunikation, die Bereinigung von Konfliktsituationen und verschiedenen Meinungen im Vordergrund.[71]

3.1.3 Neues Anforderungsprofil

Um sich durchzusetzen und zu avancieren, reichte es vor kurzer Zeit grundsätzlich noch aus, ein guter Fachmann in seinem Gebiet zu sein, administrative Tätigkeiten ordnungsgemäß auszuführen und über eine gewisse Amtsautorität als Führungsperson zu verfügen.[72] Die oben aufgeführten Eigenschaften erlaubten Karriereaufstiege bis in die Executive Ebene. Heutzutage sowie in der Zukunft sind laut DOPPLER UND LAUTERBURG jedoch vor allem drei Faktoren von zentraler Bedeutung, die im Folgenden kurz vorgestellt werden:[73]

Erstens: *Strategische Kompetenz* – in dem hier betrachteten Fall wird sie als die Fähigkeit verstanden, komplizierte Zusammenhänge und dynamische Prozesse zu verstehen und daraus Handlungsempfehlungen abzuleiten.

Zweitens: *Soziale Kompetenz* – im weitesten Sinne als die Fähigkeit zu verstehen, mit seinen Mitmenschen gut umzugehen, aber nicht nur mit einzelnen Personen oder Gruppen, mit denen man ohnehin gleicher Meinung ist, sondern auch mit vielen Menschen in all den Turbulenzen und Spannungsfeldern, die nicht dieselbe Sichtweise vertreten. Also ist eine Führungsperson nur dann in der Lage, die Vorteile der Teamarbeit für die Weiterentwicklung der Organisation zu nutzen, wenn sie auch die Dynamik von Gruppen versteht.

---

[71] Vgl. Doppler/Lauterburg, Change Management, 2014, S. 72.
[72] Vgl. Doppler/Lauterburg, Change Management, 2014, S. 72.
[73] Vgl. Doppler/Lauterburg, Change Management, 2014, S. 78 ff.

Drittens: *Persönlichkeit.* Es sind nur ein paar simple Eigenschaften die wichtig sind, die aber als erwachsener Mensch nicht mehr von Grund auf neu zu erlernen sind: Ehrlichkeit, Offenheit, Selbstvertrauen und Zivilcourage. Diese Eigenschaften ermöglichen es der Führungskraft, das volle Potenzial der Mitarbeiter abzurufen sowie deren Loyalität sicherzustellen. Wer diese Eigenschaften besitzt, wird ohne Zweifel die Mitarbeiter auf seiner Seite haben und deren gesamten verfügbaren Potenziale aktivieren. Besitzt man sie nicht, so begeht man kontinuierlich Fehler und erzeugt Widerstände.

3.1.4 Management vs. Leadership

Am Anfang dieses Kapitels wurde erwähnt, dass der Führungsbegriff mit den Begriffen Management und Leadership gleichgesetzt wird. DOPPLER UND LAUTERBURG nehmen hingegen eine Differenzierung dieser Begriffe vor. Die folgende Abbildung zeigt – etwas vereinfacht – die wesentlichen Unterschiede der Aufgaben, die man unter den Begriffen „Management" und „Leadership" subsumieren kann:[74]

Management	Leadership
➤ Arbeit strukturieren.	➤ Den Mitarbeitern den Sinn des Ganzen verdeutlichen.
➤ Abläufe effizient gestalten.	➤ Positives Denken erzeugen.
➤ Den Personalbestand bewirtschaften.	➤ Für Respekt, Offenheit und Vertrauen im Umgang miteinander sorgen.
➤ Den Informationsfluss sicherstellen.	➤ Zuversicht für die Zukunft schaffen.
➤ Aufwand und Nutzen optimieren.	➤ Als Vorbild glaubwürdig sein.

Abbildung 7: Unterschiede zwischen Management und Leadership[75]

---

[74] Vgl. Doppler/Lauterburg, Change Management, 2014, S. 80.
[75] Eigene Darstellung in Anlehnung an Doppler/Lauterburg, Change Management, 2014, S. 80.

Wirtschaftlichkeit, die Einhaltung der Ziel- und Budgetvorgaben sowie ein professionelles und effizientes Operieren seitens des Unternehmens können dabei durch erfolgreiches Management erreicht werden. Dies setzt jedoch Fachkenntnisse, Fertigkeiten und eine gewisse Intelligenz voraus. All das kann man durch Ausbildung, Training und langjährige Erfahrung erwerben. Zu Motivation und Identifikation führt allerdings DOPPLER UND LAUTERBURG zufolge nur das Leadership. Diese Dimension der Führung trägt dazu bei, dass die Mitarbeiter gerne zur Arbeit zu gehen, ihre optimale Leistung abliefern und sich persönlich und fachlich weiterentwickeln. Leadership hat auf emotionaler Ebene eine große Auswirkung und erfordert eine solide Persönlichkeit und soziale Kompetenz. Bis zu einem gewissen Punkt können Eigenschaften dieser Art in der Praxis weiterentwickelt werden, aber es ist nicht möglich, sie von Grund auf zu erlernen. Vorausgesetzt ist hierbei ein entscheidender Faktor: die Empathie. Entweder hat man sie bereits im Kindesalter oder gar nicht.[76]

3.2 Allgemeine Informationen zu Kommunikation

„Kommunikation ist der psychologische Ort, an dem Menschen zueinander Verbindung haben." (Erwin KÜCHLE)

3.2.1 Definitionen und Grundlagen der Kommunikation

Der aus dem lateinischen Adjektiv *„communis"* abgeleitete Begriff „Kommunikation" hat die Bedeutung „gemeinsam machen" bzw. „gemeinsam beraten. Aristoteles (384 – 322 vor Chistus) beschäftigte sich bereits mit dem Kommunikationsbegriff und setzte drei Komponenten einer Kommunikation fest. Die Kommunikation besteht demnach aus dem Kommunikator (Redner), der Kommunikation (Rede) und dem Rezipienten (Zuhörer).[77]

---

[76] Vgl. Doppler/Lauterburg, Change Management, 2014, S. 81.
[77] Vgl. Mohr, Kommunikation als Interaktionsvariable, S. 153.

Unter Kommunikation wird im Allgemeinen der „Austausch von Informationen zwischen Menschen und/oder Maschinen"[78] oder die „Übermittlung und Vermittlung von Informationen durch Ausdruck und Wahrnehmung von Zeichen"[79] verstanden.

Psychologen wie z. B. WATZLAWICK sind davon überzeugt, dass Kommunikation weit über eine schlichte Informationsübertragung hinausgeht.[80] Kommunikation impliziert über die rein intentionale Informationsübertragung hinaus komplexe psychische Prozesse, die perzeptive, einstellungsbezogene, machtverteilungsrelevante, emotionale, kognitive und akzeptanzfördernde und -bedingte Aspekte mit einschließen. Kommunikation wird hier als ein wechselseitiger Austausch von Mitteilungen definiert und mit Interaktion (Handlung) in Verbindung gebracht. WATZLAWICK beschreibt die Interaktion als einen wechselseitigen Ablauf von Mitteilungen zwischen mindestens zwei Personen.[81] Infolgedessen ist die menschliche Kommunikation als eine Interaktion zu verstehen, die sich zwischen zwei oder mehreren Personen abspielt, durch die sich die gegenseitige Wahrnehmung beider Partner beeinflussen lässt und die für gemeinsames Handeln von großer Wichtigkeit ist.[82]

Kommunikation kann man nicht unterbinden. Im Gegenteil, sie ist allgegenwärtig. PAUL WATZLAWICK beschreibt es so: „man kann nicht *nicht kommunizieren.*"[83] Das bedeutet, dass – ungeachtet der konkreten Senderintention, kommunizieren zu wollen oder nicht – situativ bedingt selbst die Abwesenheit expliziter Kommunikationsakte den Austausch von Gedanken, Ideen, Meinungen oder Gefühlen darstellt. Auch durch Schweigen oder Zurückhaltung ist Kommunikation präsent.[84]

---

[78] Rahn, Unternehmensführung, S. 32.
[79] Brockhaus, „Kommunikation", S. 221.
[80] Vgl. Watzlawick et al., Menschliche Kommunikation, S. 57.
[81] Vgl. Watzlawick et al., Menschliche Kommunikation, S. 57 ff.
[82] Vgl. Franken, Verhaltenstheoretische Führung, S. 140.
[83] Watzlawick et al., Menschliche Kommunikation, S. 60.
[84] Vgl. Franken, Verhaltenstheoretische Führung, S. 139.

Die Kommunikation beginnt mit einer Empfindung oder Idee, die in einer Person A (Sender) entsteht und von dieser einer anderen Person B bzw. mehreren Personen (Empfänger) mitgeteilt wird. Die Idee muss von dem Sender in eine Form gebracht werden, die auch wahrnehmbar ist und von dem Empfänger richtig interpretiert werden kann.[85] Zur Vermittlung dieser Ideen werden üblicherweise sprachliche Mittel oder nichtsprachliche Mittel genutzt. Wichtig ist in diesem Kontext zu erwähnen, dass die übermittelte Nachricht nie hundertprozentig der originären Vorstellung oder Idee entspricht, sondern nur eine mit sprachlichen oder nichtsprachlichen Mitteln symbolisierte Form dieser Idee ist. Die Idee oder Vorstellung befindet sich ausschließlich im Denken und Fühlen der Person A. Es liegt daher in der Verantwortung des sendenden Kommunikanden, die richtigen Worte bzw. die passenden nonverbalen Signale zu finden, die bei der Person B die gleichen Gefühle und Ideen wie bei Person A wecken.[86]

Die nonverbalen Ausdrucksformen wie z. B. Körperhaltung, Tonfall, Mimik, Gestik haben in der Kommunikation im Vergleich zu den sprachlichen Mittel erstaunlich große Anteile. Der Anteil der gesamten Informationen, die durch Wörter und deren Inhalt vermittelt werden, beträgt nur 7% wobei 38% durch die Stimme (Lautstärke, Sprechgeschwindigkeit) und deren Qualitäten ausgedrückt wird. Bemerkenswerte 55% beträgt der Anteil der gesamten Informationen, die durch körperliche Phänomene (Gesten, Körperhaltung, Gesichtsausdruck, Atmung etc.) ausgedrückt werden.[87] Daraus lässt sich schließen, dass Kommunikation nie ausschließlich aus Wörtern und deren Inhalten besteht.

„Nur der Empfänger entscheidet, ob die Kommunikation wirkungsvoll oder viel mehr erfolgreich ist."

---

[85] Vgl. Lieber, Personalführung, 2011, S. 105 f.
[86] Vgl. Lieber, Personalführung, 2011, S. 105 f.
[87] Vgl. Robbins, Grenzenlose Energie, S. 286 f.

Mit dieser Aussage wird nochmals zum Ausdruck gebracht, dass es von der psychologischen Struktur, dem Wissen und Willen des Empfängers abhängt, ob die vermittelte Botschaft bei dem Empfänger dieselbe Idee oder Vorstellung auslöst, die der Sender bei dem Empfänger intendiert hat *(Kommunikationsintention)*.

Jeder Mensch kommuniziert auf Grundlage seines aktuellen Wissensstandes bzw. der bereits gesammelten Kommunikationserfahrungen. Um erfolgreich zu kommunizieren, müssen die Gesprächspartner zum einen erkennen, in welchem thematischen Kontext kommuniziert wird, und zum anderen richtig einschätzten, welche Beiträge in gewissen Situationen von bestimmten Gesprächspartnern erwartet werden.[88] Eine erfolgreiche Kommunikation erfordert zudem, dass der Empfänger dem Sender zu den empfangenen Informationen eine Reaktion (durch Feedback, Antwort oder Rückmeldung) übermittelt, die zeigt, inwieweit er diese verstanden hat.

3.2.2 Kommunikation als Führungsaufgabe

„Kommunikation ist Führung, Führung ist Kommunikation."

In der Arbeitswelt spielt die Kommunikation eine immense Rolle. Sie stellt das Fundament jeder Zusammenarbeit dar, macht den Wissensaustausch und die Koordination möglich und ist zudem ein elementares Führungs- und Motivationsinstrument.[89] Führungskräfte verbringen empirischen Beobachtungen zufolge im Schnitt 50 % ihrer täglichen Arbeitszeit mit Kommunikation.[90] Es gibt drei Ziele, die in der Unternehmenskommunikation in Betracht gezogen werden müssen. Erstens das kognitiv-orientierte Ziel, welches das Wissen bzw. die Botschaft beschreibt, die vermittelt werden sollte, sodass durch die Kommunikation der Wissensstand wächst. Zweitens das affektiv-orientierte Ziel, welches im Fokus das Gefühl und die Emotionen hat. Hier soll bspw. das Interesse der

---

[88] Vgl. Lieber, Personalführung, 2011, S. 107.
[89] Vgl. Franken, Verhaltenstheoretische Führung, S. 139.
[90] Vgl. Lieber, Personalführung, 2011, S. 105.

Gesprächspartner steigen oder die Einstellung positiv beeinflusst werden. Zu guter Letzt gibt es das konativ-orientierte Ziel. Hier steht die Handlungskomponente im Visier, das heißt (d. h.), dass eine positive Verhaltensänderung angestrebt werden soll.[91]

3.2.3 Kommunikationsmethoden der Mitarbeiterführung

Um die Kommunikation zwischen Führungskräften und Mitarbeitern zu fördern, bieten sich neben den klassischen Kommunikationskanälen wie Informationen im Intranet, Nachrichten per Email bzw. PowerPoint-Präsentationen auch alternative Instrumente zur Kommunikation an. Dazu gehören beispielsweise Live-Chats mit dem Vorstand, kleinere Videobotschaften oder ein Live-Auftritt des oberen Managements.[92] Hierbei ist zu betonen, dass der nachhaltigste Eindruck bei der direkten Kommunikation besteht. Weitere Beispiele für Gelegenheiten der direkten Kommunikation sind Abteilungsrunden, Jour Fixe[93], Feedbackgespräche oder Fortbildungen.[94]

3.3 Klassische Führungsstile

Als Führungsstil kann ein über einen längeren Zeitraum fortdauerndes, in Bezug auf verschiedene Führungssituationen konsistentes Führungsverhalten von Führungspersonen gegenüber den Geführten verstanden werden.[95] Die Führungsstile, die heute in der täglichen Führungspraxis immer noch existieren, wurden in jahrelangen (1938-1940) und differenzierten Studien von LEWIN/LIPPITT/WHITE untersucht. In ihren Studien

---

[91] Vgl. Bookas/Ludwig, Change Management als wesentlicher Baustein einer effizienten Unternehmensrestrukturierung, S. 385.
[92] Vgl. Bookas/Ludwig, Change Management als wesentlicher Baustein einer effizienten Unternehmensrestrukturierung, S. 385.
[93] Ein Jour fixe ist ein regelmäßig wiederkehrender Termin, in dem sich eine kleinere Gruppe von Personen gegenseitig über den aktuellen Stand ihrer laufenden Arbeitsprozesse austauscht.
[94] Vgl. Bookas/Ludwig, Change Management als wesentlicher Baustein einer effizienten Unternehmensrestrukturierung, S. 385.
[95] Vgl. Wagner/Patzak, Performance excellence, S. 189.

ermittelten diese Forscher die Wirksamkeit des autoritären, demokratischen und autonomiefördernden (=„laissez-faire") Führungsstils.[96]

3.3.1 Autoritärer Führungsstil

Bei dem **autoritären Führungsstil** – bekannt auch als direktiver bzw. befehlender Führungsstil – trifft der Führende die wesentlichen Entscheidungen allein und bestimmt, was die Geführten – in dem Fall die Untergebenen – zu tun haben.[97] Befehle bzw. Anweisungen sind in diesem Zusammenhang das wichtigste Führungsmittel.[98] Es wird von der geführten Person verlangt, dass die Befehle sofort befolgt und erfüllt werden.[99] Handlungsspielräume, Flexibilität oder sogar individuelle Wünsche des Geführten werden im autoritären Führungsstil nicht beachtet.[100] Die Führungsperson kontrolliert die von den Mitarbeitern ausgeführte Arbeit. Eine Führungsperson, die sehr diktatorisch führt, kann wie folgt charakterisiert werden: Sie verfügt i.d.R. über sehr gute Fachkenntnisse, ist leistungsorientiert, trifft sehr klare Aussagen und erklärt alles haargenau, um Fehler vorzubeugen. Sie pflegt zu den Untergebenen eine kühle und distanzierte Beziehung und rügt gerne Mitarbeiter, egal ob offen oder verdeckt. Sie selbst duldet jedoch keinerlei Kritik.[101]

3.3.2 Kooperativer Führungsstil

Den Gegenpol zum autoritären Führungsstil bildet der **kooperative Stil** der Führung.[102] Im Vordergrund stehen hier Abstimmung, Gespräche und besonders der gegenseitige Respekt zwischen Führungskräften und Geführten. Hier werden die Mitarbeiter, die als Partner angesehen werden, vom Führenden gelenkt und koordiniert.[103] Wer die größte fachliche

---

[96] Vgl. Pelzer, Führen mit links, S. 60.
[97] Vgl. Lieber, Personalführung, 2007, S. 70.
[98] Vgl. Schön, Mehr als bloß ein Job, S. 45.
[99] Vgl. Pinnow, Führen, S. 82.
[100] Vgl. Lieber, Personalführung, 2007, S. 70.
[101] Vgl. 4Managers, „Führungsstile", http://www.4managers.de (10.07.16).
[102] Vgl. Neges, Führungskraft und Persönlichkeit, S. 30.
[103] Vgl. Erdmann/Popp/Tolksdorf, Betriebswirtschaft/Volkswirtschaft, S. 169.

Kompetenz aufweist, erhält durch Delegation die Entscheidungsmacht in seinem Gebiet,[104] und schließlich können die Mitarbeiter am Zielbildungsprozess teilnehmen.[105] Der Führende lobt oder kritisiert seinen Mitarbeiter nur unter vier Augen und bezieht sich ausschließlich auf dessen Handlungen und in keiner Weise auf seine Persönlichkeit. Den kooperativen Führer erkennt man anhand folgender Merkmale: Die Führungskraft lässt ihre Mitarbeiter an Entscheidungen partizipieren, steht für die offene Kommunikation und gibt wesentliche Informationen an die Arbeitskollegen weiter. Dieser Führungsstil trägt dazu bei, dass die Motivation erhöht und die Leistungsbereitschaft der Mitarbeiter gefördert wird. [106]

3.3.3 Laissez-faire Führungsstil

Im Gegensatz zur autoritären und demokratischen Führung stellt die **Laissez-faire-Führung** eine passive Rolle der Führung dar. Hierbei werden seitens der Führungsperson weder verbindliche Vorgaben gemacht noch notwendige Aktionen initiiert. Stattdessen steht die Führungsperson ausschließlich als Ansprechpartner für ihre Untergebenen zur Verfügung.[107] Die Mitarbeiter haben dadurch volle Entscheidungs- und Ausführungsfreiheit, auf eine Teambildung wird hingegen völlig verzichtet. Dieser Führungsstil beinhaltet nach Ansicht des Verfassers einen Widerspruch, denn er beschreibt ein Führungsverhalten der „Nicht-Führung".[108] Merkmale dieses Führungsstils sind Folgende: Mitarbeiter sind auf sich allein gestellt. Die Führungskraft zeigt kaum Interesse an den Erwartungen und Bedürfnissen der Mitarbeiter, strengt sich kaum an, für das Gelingen des Projektes ihren Betrag zu leisten. Mit den unklaren Anweisungen der Führungsperson können die Mitarbeiter nicht viel anfangen. Der Führende pflegt zudem eine sehr unpersönliche Beziehung zu

---

[104] Vgl. Hentze et al., Personalwirtschaftslehre, S 246.
[105] Vgl. Hentze/Graf, Personalwirtschaftslehre 2, S. 270.
[106] Vgl. 4Managers, „Führungsstile", http://www.4managers.de (10.07.16).
[107] Vgl. Becker, Personalentwicklung, S. 320.
[108] Vgl. Jung, Allgemeine Betriebswirtschaftslehre, S. 219.

den Mitarbeitern und bevorzugt angepasste Mitarbeiter, die keine komplizierten Fragen stellen.[109]

3.3.4 Erkenntnisse der Führungsstile

In der Studie[110] wurde festgestellt, dass die Arbeitsleistung der Mitarbeiter bei Laissez-faire-Führung im Verhältnis zur demokratischen und autoritären Führung – wobei hier bei den beiden Führungsstilen untereinander keine erheblichen Unterschiede nachgewiesen wurden – deutlich schlechter ausfällt. Bei allen drei Führungsstilen wurden jedoch unterschiedliche Grade der Motivation zur Arbeit und der Arbeitszufriedenheit beobachtet. Beim demokratischen Führungsstil ist die Motivation und Arbeitszufriedenheit der Mitarbeiter wesentlich höher als bei dem autoritären und Laissez-faire-Führungsstil.[111] Jedoch ist der Laissez-faire-Führungsstil in wissenschaftlichen Bereichen, wo stark die Kreativität und Ideenvielfalt jedes einzelnen Mitarbeiters gefragt ist, sehr erfolgreich.[112] Die verschiedenen Führungsstile beeinflussen auch den Zusammenhalt der Mitarbeiter. Da bei dem demokratischen Führungsstil Aufgaben und Ziele gemeinsam diskutiert werden, ist der starke Gruppenzusammenhalt hier deutlich erkennbar. Auch die zwischenmenschlichen Beziehungen sind hier qualitativ höher als bei dem befehlenden Führungsstil. Denn dieser charakterisiert sich durch Aggression, Widerstände und sogar vernichtende Handlungen.[113]

3.4 Führungstheorien

Sowohl in der Praxis als auch in der Wissenschaft ist die Erforschung der Merkmale erfolgreicher Führungskräfte von zentraler Bedeutung.[114] In diesem Zusammenhang wurden im Laufe der Jahre theoretisch-konzeptionelle Ansätze entwickelt. Nachfolgend werden die wesentlichen

---

[109] Vgl. 4Managers, „Führungsstile", http://www.4managers.de (10.07.16).
[110] Siehe dazu Studie von Lewin/Lipitt/White (1938-1940).
[111] Vgl. Steinmann/Schreyögg, Management, S. 653.
[112] Vgl. Bröckermann, Personalführung, S. 307.
[113] Vgl. Becker, Personalentwicklung, S. 320.
[114] Vgl. Stock-Homburg/Wolff, Handbuch Strategisches Personalmanagement, S. 296.

klassischen Führungsansätze, d. h. *die Eigenschafts-, Verhaltens-, und die Situationstheorie* dargestellt. Des Weiteren werden die alternativen Führungstheorien, d. h. *die transaktionale und transformationale Führung* behandelt.

3.4.1 Die Eigenschaftstheorie

Die Eigenschaftstheorie gehört zu den ältesten und klassischen Konzepten der Führungsforschung.[115] Der Fokus dieser Theorie liegt auf der Persönlichkeit des Führenden. Denn laut dieses Ansatzes geht man davon aus, dass der Führungserfolg von den angeborenen Eigenschaften und Fähigkeiten der Führungsperson abhängt. Wie sich die erfolgreichen von den nicht-erfolgreichen Führungskräften unterscheiden, ist im Rahmen der Eigenschaftstheorie die zentrale Frage. Zu den erfolgsversprechenden Eigenschaften gehören unter anderem Intelligenz, Dominanz, Selbstsicherheit, Extraversion, Maskulinität und psychologische Merkmale.[116] Ferner gehören laut STEINMANN UND SCHREYÖGG zu den führungsentscheidenden Eigenschaften Selbstvertrauen, Entschlusskraft, die Fähigkeit zur richtigen Entschlussfassung, breites Wissen, Überzeugungskraft und Selbstgenügsamkeit.[117] Häufig wurden widersprüchliche Zusammenhänge berichtet und letzten Endes wurde aufgrund konzeptioneller Mängel und analytischer Schwächen dieser Ansatz oft kritisiert. Innerhalb von empirischen Untersuchungen wurden diverse Führungseigenschaften wie z. B. Durchsetzungsvermögen und Intelligenz für den Führungserfolg als wesentlich in Betracht gezogen. Dies widerspricht jedoch der Annahme einer angeborenen Führungseigenschaft, so argumentiert DELHEES.[118] Es gibt also bestimmte Eigenschaften, die zum Führungserfolg führen, allerdings konnte bisher keine allgemeingültige Kombination von Eigenschaften identifiziert werden, die eine Unterscheidung von erfolgreichen gegenüber erfolglosen Führungskräften erlauben würde. Die Kritik an der Eigenschafts-

---

[115] Vgl. Neuberger, Personalentwicklung, S. 233.
[116] Vgl. Becker, Personalentwicklung, S 318.
[117] Vgl. Steinmann/Schreyögg, Management, S. 646.
[118] Vgl. Delhees, Führungstheorien – Eigenschaftstheorie, S. 901.

theorie hat zur Entstehung und Verbreitung der verhaltenstheoretischen Ansätze geführt.[119]

3.4.2 Die Verhaltenstheorie

Die Verhaltenstheorie – auch bekannt als „Führungsstil-Forschung"[120] – basiert in Abgrenzung zur Eigenschaftstheorie auf der Hypothese, dass der Erfolg einer Führungskraft vielmehr von dem Verhalten gegenüber den Mitarbeitern abhängt. Die persönlichen Eigenschaften der Führungsperson stehen bei dieser Perspektive eher im Hintergrund. Die verhaltensorientierte Untersuchung befasst sich also mit der Frage, welche Verhaltensweisen in bestimmten Führungssituationen erfolgsversprechend sind.[121] Die Erkenntnisse der Ohio-Studien sind für die Führungsstilforschung besonders prägend. In den Studien wurden Verhaltensweisen festgestellt, die erfolgreiche von erfolglosen Führungspersonen unterscheiden. Identifiziert wurden dabei die Aufgabenorientierung und Mitarbeiterorientierung als zwei Dimensionen des Führungsverhaltens:[122] Die *Aufgabenorientierung* betrifft die sachliche Ebene der Führung.[123] Die Aufgaben richten sich hier durch die Führungsperson zielorientiert und strukturiert an die geführten Mitarbeiter. Folgende Verhaltensweisen werden dieser Dimension von Führungsverhalten zugeordnet:

- Klare Ziele werden gegenüber den Mitarbeiter gesetzt und kommuniziert.
- Der Grad der Zielerreichung wird regelmäßig evaluiert.
- Die wichtigsten Aufgaben werden priorisiert.
- An die Mitarbeiter werden sinnvolle Aufgaben bzw. angemessene Verantwortung weitergegeben.

---

[119] Vgl. Becker, Personalentwicklung, S 319.
[120] Vgl. Hentze/Brose, Personalführungslehre, S. 190.
[121] Vgl. Stock-Homburg, Personalmanagement, S. 481.
[122] Vgl. Rosenstiel et al., Führung von Mitarbeitern, S. 11.
[123] Vgl. Rosenstiel, Grundlagen der Organisationspsychologie, 1992, S. 170.

Im Gegensatz zur Aufgabenorientierung zeichnet sich die *Mitarbeiterorientierung* durch die persönliche Wertschätzung und die aufmerksame Kommunikation mit den Mitarbeitern aus. Hier werden speziell die zwischenmenschlichen Werte, wie z. B. der Respekt und das Vertrauen zueinander, betont. Zusammengefasst heißt dies, dass im Mittelpunkt dieser Dimension der Führung die Beziehungsebene steht.

Die stark ausgeprägte Mitarbeiterorientierung erkennt man z. B. an den folgenden Verhaltensweisen einer Führungskraft:[124]

- Die Führungsperson geht auf die Belange der Mitarbeiter ein.
- Sie pflegt die zwischenmenschlichen Beziehungen zu den Mitarbeitern.

An dieser Stelle lässt sich festhalten, dass bei diesem sogenannten (sog.) zweidimensionalen Ansatz (BLAKE & MOUTON 1964) beide Orientierungen (Mitarbeiter- und Aufgabenorientierung) voneinander unabhängig sind. Das heißt, dass bei einer starken Aufgabenorientierung die Mitarbeiterorientierung nicht automatisch beeinflusst wird. Die Führungsperson kann auch gleichzeitig stark mitarbeiterorientiert sein. Eine starke Ausprägung beider Richtungen führt schließlich zu einer hohen Effektivität.[125] Auch dieser Ansatz wird kritisiert, weil sich nicht eindeutig darlegen lässt, welcher Führungsstil welche Auswirkungen auf den Führungserfolg hat.[126]

3.4.3 Die Situationstheorie

Die beiden zuvor genannten Ansätze lieferten zur Erklärung, Prognose und Förderung von Führungserfolg keine zufriedenstellenden Ergebnisse.[127] In der Situationstheorie – auch bekannt unter dem Begriff des „kontingenztheoretischen Ansatzes" – geht man über die Eigenschaften der Führungskraft und die verhaltensorientierten bzw. interaktionellen Faktoren hinaus. In diesem situationstheoretischen Ansatz liegt der Fokus

---

[124] Vgl. Stock-Homburg, Personalmanagement, S. 507 f.
[125] Vgl. Steyrer, Theorie der Führung, S. 52 f.
[126] Vgl. Northouse, Leadership, S. 75 f.
[127] Vgl. Blessin/Wick, Führen und führen lassen, S. 127.

auf den situativen, externen und internen Merkmalen der Umwelt einer Führungsperson.[128] Die Kernaussage der situativen Führungstheorie ist, dass es weder den besten Führungsstil noch die optimalen Führungseigenschaften gibt, die in jeder Situation zum Führungserfolg führen. Schließlich müssen die Anforderungen an die Führungskraft zum einen je nach Problemlage und Zeitpunkt präzisiert werden und zum anderen muss die Führungsperson hinsichtlich der Fähigkeiten, Erwartungen und Bedürfnisse des Mitarbeiters ihr Verhalten entsprechend umstellen.[129]

3.4.4 Neuere führungstheoretische Ansätze

Bei den neueren führungstheoretischen Ansätzen liegt der Fokus auf der transaktionalen bzw. transformationalen Führung, die anstelle der personenbezogenen Eigenschaften oder des Verhaltens der Führungsperson den Vorgang des Führens selbst in den Vordergrund rückt. Führung wird dabei als Interaktionsprozess verstanden, der grundlegend auf der wechselseitigen Einflussnahme zwischen Führern und Geführten basiert. In den neueren führungstheoretischen Ansätzen sieht man die Führung als den permanenten Versuch, in schweren und dynamischen Situationen geplant und praktisch zu agieren, ohne hierbei den Handlungsspielraum der Geführten unnötigerweise zu beschränken.[130]

BURNS unterscheidet in seinem Führungsansatz zwei Typen von Führung, den transaktionalen- und den transformationalen Stil.[131]

3.4.4.1 Transaktionale Führung

Der transaktionale Führungsstil bezieht sich auf rationale und stabile Austauschprozesse zwischen Führungsperson und Mitarbeitern. In diesem Führungsansatz wird die Erreichung konkreter Ziele mit finanziellen Anreizen (z. B. Geld) bzw. immateriellen Werten (z. B. Vertrauen) belohnt. Dies sorgt letztendlich dafür, dass die Mitarbeiter einen Anreiz haben, die

---

[128] Vgl. Müller, E-Leadership, S. 35.
[129] Vgl. Rosenstiel, Führen von Mitarbeitern, S. 21 f.
[130] Vgl. Becker, Personalentwicklung, S. 340.
[131] Vgl. Burns, Leadership, S. 20.

von der Führungskraft gesetzten Ziele zu erreichen.[132] Somit konzentriert sich diese Art von Führung auf die extrinsische Motivation und kann „als leistungsabhängiges Belohnungsverhalten der Führungskraft"[133] definiert werden. Die Volkswagen AG hatte sich beispielsweise im Jahre 2007 dazu entschlossen, ihren Tarif-Beschäftigten im Rahmen des damaligen Rationalisierungsprogramms *ForMotionplus* eine einmalige Prämie von 500€ zu zahlen. Die Intention war hierbei, die innovativen Ideen der Belegschaft bezüglich des Sparprogramms zu belohnen und zudem einen Anreiz zu setzen, Innovationen voranzutreiben, um die Wettbewerbsfähigkeit des Unternehmens nachhaltig zu sichern.[134]

Ein großer Nachteil der transaktionalen Führung besteht darin, dass die Mitarbeiter maximal nur das leisten, was auch vorher vereinbart wurde und keinen Anreiz haben, über die vereinbarten Ziele hinauszugehen. Dies stellt besonders bei sich schnell verändernden und schlecht messbaren Zielen ein großes Problem dar.[135]

Nach BASS UND AVOLIO werden zudem zwei Komponenten der transaktionalen Führung voneinander differenziert. Zum einen gibt es die Facette Contingent Reward. Diese stellt das Verhalten des Führenden dar, dessen Belohnung sich ausschließlich an den erbrachten Leistungen der Mitarbeiter orientiert. Zum anderen gibt es die Facette des Management-by-Exception-active und Management-by-Exception-passive. Bei der Facette Management-by-Exception-active steht die proaktive Kontrolle im Fokus. Hier stehen die Mitarbeiter von der Führungsperson unter Beobachtung. Der Führende kontrolliert, ob die Arbeitsabläufe einwandfrei sind. Bei Fehlern wird durch die Führungskraft eingegriffen, um das Problem zu beheben. Management-by-Exception-passive beinhaltet eine reaktive Kontrolle. Die Führungsperson greift nur nach Bedarf des Mitarbeiters ein, also hauptsächlich bei schwerwiegenden Fehlern oder bei Nichteinhaltung von bestimmten Standards. Durch eine transaktionale Führung

---

[132] Vgl. Becker, Personalentwicklung, S. 342 f.
[133] Becker, Personalentwicklung, S. 344.
[134] Volkswagen AG, Geschäftsbericht 2006, S. 96
[135] Vgl. Graf/Osterloh, Vertrauen durch Führung, S.166.

haben die Mitarbeiter eine klare Handlungsorientierung und dennoch gestalterische Freiräume. Insbesondere eignet sich diese Art von Führung in Organisationen mit stabilen Strukturen und bei gleichbleibenden Aufgaben.[136]

3.4.4.2 Transformationale Führung

Im Gegenzug zur transaktionalen Führung zielt der transformationale Führungsstil auf die intrinsische Motivation der Mitarbeiter ab. Diese Führungstheorie verdeutlicht den Sinn und die Bedeutung gemeinsamer Ziele, Werte und Wünsche. Die transformationale Führung bemüht sich daher darum, das Verhalten und Selbstverständnis der Mitarbeiter in einer Weise zu modifizieren, dass diese sich als Teil des Unternehmens empfinden und folglich das Wohl und die Ziele der Organisation über die eigenen Interessen und Vorteile stellen. Materielle oder immaterielle Belohnungen, wie in der transaktionalen Führung, haben hier also keinen Einfluss. Die Führungskraft wird hier idealisiert und genießt das volle Vertrauen, den Respekt und die Bewunderung der Untergeordneten. Infolgedessen übertreffen die Leistungen der Mitarbeiter das geforderte Maß der Führenden.[137]

Vier Facetten – bekannt auch als die „4 I's"[138] – dieser transformationalen Führung werden voneinander unterschieden. *Idealized Influence* bzw. *Charismatic Leadership* (idealisierte Einflussnahme), *Inspirational Motivation* (inspirierende Motivation), *Intellectual Stimulation* (intellektuelle Stimulierung) und *Individualized Consideration* (individuelle Berücksichtigung).

---

[136] Vgl. Bass/Avolio, Improving Organizational Effectiveness through Transformational Leadership, S. 4.
[137] Vgl. Becker, Personalentwicklung, S. 343.
[138] Vgl. Abbildung 8.

Führung und Kommunikation

Idealisierte Einflussnahme

- Führungsperson stellt durch charismatisches Verhalten eine Vorbildfunktion für die Mitarbeiter dar.
- Mitarbeiter identifizieren sich mit ihrer Führungsperson, verlassen sich vollkommen auf sie, bewundern und respektieren sie.
- Sie sind stolz, mit ihrer Führungsperson zusammenzuarbeiten und versuchen, die Verhaltensweisen nachzuahmen.

Inspirierende Motivierung

- Im Mittelpunkt steht die Motivation von Mitarbeitern durch begeisternde und überzeugende Visionen.
- Mitarbeiter gehen an die angestrebten Ziele verständnisvoller und bewusster heran.
- Um die visionären Ziele zu erfüllen, werden Vertrauen, Hoffnung und Zuversicht vermittelt.
- Nutzung von emotionalen Appellen und verschiedenen Kommunikationskanälen wie z. B. Tönen, Bildern, Symbolen, Filmen etc., um die Motivation der Mitarbeiter für die Erreichung von höheren Leistungen zu stärken.

Intellektuelle Stimulierung

- Eigenständiges und kreatives Denken und Handeln der Mitarbeiter werden angeregt.
- Mitarbeiter werden angespornt, alte Praktiken und Lösungen kritisch zu hinterfragen sowie neue bzw. bessere Wege und Ideen zur Erreichung der Ziele zu finden.
- Fehler werden nicht öffentlich kritisiert, sondern toleriert und darüber hinaus sogar als Lernmotivation positiv bewertet.
- Ziel ist die Selbständigkeit der Mitarbeiter.

Individualisierte Berücksichtigung

- Führungskraft erkennt das Individuum im Mitarbeiter und geht auf die unterschiedlichen Bedürfnisse und Fähigkeiten ein.
- Potenziale vom Mitarbeiter werden entdeckt und weiterentwickelt.
- Die Führungskraft schlüpft in eine Mentor-Rolle und gibt den Mitarbeitern bei Bedarf bzgl. der Arbeit Hilfestellungen und Ratschläge.

Abbildung 8: Die „Die-4I-Führung"[139]

---

[139] Eigene Darstellung in Anlehnung an Becker, Personalentwicklung, S. 343 f.; Rosenstiel et al., Führung von Mitarbeitern, S.24 f.

3.5 Ergebnis: Führungsstile im Change-Prozess

3.5.1 Das „Full Range of Leadership"-Konzept

Das Konzept „Full Range of Leadership" (vgl. Abbildung 9), welches von BURNS im Jahre 1978 entworfen und von BASS im Jahre 1985 weiterentwickelt wurde, wird in den transaktionalen und transformationalen Führungsstil aufgeteilt. BASS fügte mit seiner Weiterentwicklung dieses Konzeptes den Laissez-faire-Führungsstil, also die „Nicht-Führung" der Führung hinzu.[140]

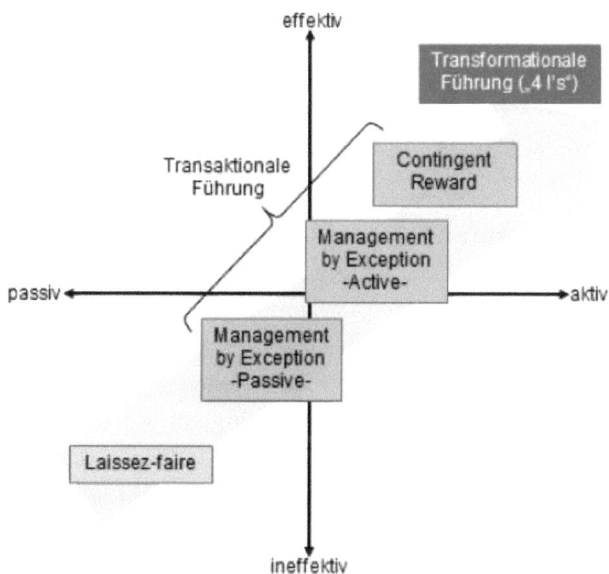

Abbildung 9: Das „Full Range of Leadership"-Konzept[141]

Die Protagonisten dieses Konzeptes betiteln es als „Full Range of Leadership", weil sie davon ausgehen, dass es alle relevanten Komponenten und Dimensionen einer Führung umfasst. Zudem wird in diesem Modell angenommen, dass Führungskräfte die drei im Rahmen des Full Range of Leadership dargestellten Führungsstile, variierend in ihrer Häufigkeit und

---

[140] Vgl. Pundt/Nerdinger, Transformationale Führung – Führung für den Wandel?, S. 33.
[141] Eigene Darstellung in Anlehnung an Bass/Riggio, The Transformational Model of Leadership, S. 80 f.

Kombination, anwenden. Grundsätzlich gibt es die Haltung, dass erfolgreiche Führungskräfte den transformationalen Komponenten folgen und in gewissen Maßen auf das austauschorientierte Contingent Reward setzen. Die Laissez-faire Führung und die passiven Komponenten der transaktionalen Führung tauchen bei erfolgreichen Führungspersonen hingegen kaum noch auf. Ganz im Gegenteil haben sie kontraproduktive Effekte.[142]

3.5.2 Erkenntnisse der Forschung

Dieses Kapitel thematisiert den aktuellen Stand der Forschung bezüglich der verschiedenen Führungsstile in Hinblick auf das Change Management. Welcher Führungsstil hat sich bezüglich Veränderungsprozessen gefestigt? Mittlerweile gibt es diverse Forschungen zu diesem Themengebiet. Im Folgenden werden die Ergebnisse der wichtigsten Studien resümiert.

Die Ergebnisse der im Jahre 2004 von JUDGE UND PICOLLO durchgeführten Metaanalyse[143] zeigen, dass der transformationale Führungsstil im Gegensatz zu den passiven Komponenten der transaktionalen Führung positiv und insbesondere stärker mit den Erfolgsindikatoren[144] korreliert. Hierbei ist jedoch zu erwähnen, dass das Konzept „Contingent Reward" davon auszunehmen ist. Bei diesem Konzept ist eine ähnliche Korrelation zu beobachten. Des Weiteren zeigt die Studie, dass der Zusammenhang von Management by Exception mit den Erfolgsindikatoren leicht negativ ist und der Laissez-faire Führungsstil nur negative Zusammenhänge aufweist.[145]

---

[142] Vgl. Weibler, Personalführung, S. 380.
[143] Die Metaanalyse basiert auf Studien, die mit dem Multifactor Leadership Questionnaire (MLQ)[143] durchgeführt wurden.
[144] Unter Erfolgsindikatoren versteht man in Rahmen des MLQs die Zufriedenheit der Mitarbeiter bezüglich Arbeit und Führung, Zufriedenheit der Führungskraft, die Motivation der Mitarbeiter, die Leistung der Führungskraft, des Teams und die Effektivität der Führungskraft.
[145] Vgl. Judge/Piccolo, Transformational and Transactional Leadership, S. 757 ff.

BASS vermutet im Zusammenhang mit Change Management, dass Führungspersonen, die nach dem transformationalen Führungsstil gehen, sich in Zeiten des Wandels, des Wachstums und der Krise zeigen.[146] Der positive Effekt des transformationalen Führungsstils auf die Motivation bzw. Leistung der Mitarbeiter wird zudem von weiteren Studien (wie z. B. von HEUPL[147] und a47- *Consulting online* 2013[148]) bestätigt.

---

[146] Vgl. Peters & Helbig, Transaktionale und transformative Führung, www.peters-helbig.de/index.php?id=61&no_cache=0&file=41&uid=121, S. 13 (15.07.16).

[147] Vgl. Heupl, Makrophasenmodelle und Best Practice organisationalen Wandels aus der Perspektive von Change Leadership, 2009 (In seiner Dissertation prüfte HEUPL neun Führungsstile auf ihre Eignung für Veränderungsprozesse. Aus der Studie resultiert sich, dass nur der transformationale Führungsstil für Change-Prozesse ideal ist.)

[148] Vgl. a47 Consulting online (Stefan Dörr); Motive, Einflussstrategien und transformationale Führung als Faktoren effektiver Führung, 2008, http://www.a47-consulting.de/de/motive-u-führung.html (17.07.16) Eine LEAD-Studie (Leadership Effectiveness and Development), in der 81 Führungspersonen und 359 Mitarbeiter einbezogen waren, um den Erfolg der transformationalen und transaktionalen Führung vor dem Hintergrund des Wandels zu überprüfen. Ergebnis: Der transformationale Führungsstil wird in facto Zufriedenheits- und Motivationssteigerung der Mitarbeiter während eines organisationalen Wandels mit dem höchsten Wirkungsgrad bewertet.

4 Erfolgsfaktor Führung: Führungseigenschaften und -kompetenzen

„Führung ist glücklicherweise keine Wissenschaft, aber auch nicht bloß Intuition."[149] Im Zuge von Veränderungsprozessen befinden sich Mitarbeiter in einer sehr unsicheren Situation. In solchen Fällen spielen Führungspersonen eine Schlüsselrolle.[150]

Im Folgenden werden wesentliche, für den Erfolg in Veränderungsprozessen entscheidende, Führungseigenschaften und -kompetenzen aufgezeigt.

„Kompetenz [lat. Das Zusammentreffen] heißt allgemein „Sachverstand" oder „Zuständigkeit". Im übertragenen Sinn geht es hier also um die Anforderungen an den sog. Kern-Sachverstand von Führungskräften."[151] Die wichtigsten Führungsattribute einer erfolgreichen Führungsperson werden in der folgenden Abbildung zusammenfassend dargestellt. Durch die IW Köln (2010)[152] hat sich herausgestellt, dass alle 1.212 befragten Unternehmen in der Kommunikationsfähigkeit eine essenzielle Eigenschaft von Führungspersonen sehen. Leistungsmotivation und Identifikation mit dem Unternehmen wurden mit 99% auch nahezu von allen Unternehmen als unerlässliche Eigenschaften von Führungspersonen genannt. Zudem stellen Motivationsfähigkeit und Weiterbildungsbereitschaft zentrale Eigenschaften einer erfolgreichen Führungskraft dar.

---

[149] Berger/Rinner, Best Leader, S. 7.
[150] Vgl. Rosenstiel / Comelli, Führung zwischen Stabilität und Wandel, S. 132.
[151] Käsler, Führung im Wandel, S. 11.
[152] IW Köln 2010: Studie zu wichtigen Eigenschaften von Führungskräften. 1.212 befragte Unternehmen in Deutschland.

Erfolgsfaktor Führung: Führungseigenschaften und -kompetenzen

Abbildung 10: Eigenschaften einer erfolgreichen Führungsperson.[153]

Die DGFP Studie[154] kommt auch zu dem Ergebnis, dass Kommunikationsfähigkeit, Vertrauenswürdigkeit und strategisches Denken zu den wichtigsten Kompetenzen von Führungskräften speziell in Veränderungsprozessen gehören.

Aus den Studien der CAPGEMINI UND IBM kann man entnehmen, dass es vier wesentliche Erfolgsfaktoren[155] gibt, die eine erfolgreiche Führungskraft charakterisieren. Diese lauten Kommunikation, Vision, Vorbildfunktion und Partizipation.

Im Folgenden werden diese Erfolgsfaktoren beschrieben und ihre Besonderheit in Veränderungsprozessen herausgearbeitet.

---

[153] Eigene Darstellung in Anlehnung an IW Köln 2010 & Kämmerle, Betriebliche Führungskräfte im Veränderungsprozess, Kapitel 1.3.5, S. 1.
[154] Vgl. DGFP Studie 2010, S. 15f. (21.07.16).
[155] Vgl. Kyaw/Claßen, Studie Capgemini 2010, S. 43; vgl. Jørgensen/Owen, IBM Studie 2008, S. 17 (21.07.16).

4.1 Kommunikation

„Kommunikation ist nicht eine zusätzliche Aufgabe des Managers, Management ist Kommunikation." Peter F. Drucker (1909-2005)

Daraus lässt sich schlussfolgern, dass Kommunikationsfähigkeit eine ausschlaggebende Determinante einer erfolgreichen Führung ist.[156] Die Kommunikation in der Organisation stellt das Fundament für Verständnis, Klärung, Anpassung und Entwicklung dar. Um sicherzustellen, dass die Mitarbeiter die Orientierung nicht verlieren, müssen Aufgaben und Ziele klar formuliert werden. Denn „durchdachte, prozessbegleitende und gezielte Kommunikationsmaßnahmen geben den betroffenen Mitarbeitern und Führungskräften die notwendige Orientierung."[157] Daraus erkennt man, dass Kommunikation ein wesentliches Kriterium zur Übertragung von wichtigen Informationen für den Veränderungsprozess ist. Information alleine ist jedoch nicht Kommunikation.[158] Führungskräfte müssen dafür sorgen, dass durch offenen Dialog, Transparenz der Veränderung und klare Kommunikation wichtige Entscheidungen transparent und für alle sichtbar bis zum Ende umgesetzt werden.[159]

4.2 Vision

Für den Erfolg braucht jedes Unternehmen eine Vision – d. h. „eine allgemein gehaltene, positive Vorstellung vom Unternehmen in der Zukunft."[160] Sie gibt an, in welche Richtung sich das Unternehmen bewegen möchte. Die Vision ist also ein realutopischer Zustand, der noch nicht erreicht ist, den man aber prinzipiell erreichen möchte. Besonders in Veränderungsprozessen ist eine Vision unabdingbar, denn jeder Beteiligte muss diesen Weg sehen und sich gemeinsam in dieselbe Richtung bewegen. Dass die Vision im Veränderungsprozess notwendig ist, wird auch durch

---

[156] Vgl. IW Köln Studie 2010; DGFP Studie 2010, S. 15 f. (21.07.16).
[157] Kappe, Integriertes Change Management, S. 61.
[158] Vgl. Doppler/Lauterburg, Change Management, 2014, S. 199.
[159] Vgl Czichos, Change Management, S. 484.
[160] Doppler/Lauterburg, Change Management, 2014, S. 209.

die Aussage von BAUMÖL bekräftigt: „…nur wenn eine Vision des Veränderungsprozesses besteht, können Differenzen entstehen, Beobachtungen geschehen, Kommunikationsvorgänge, Entscheidungen und Handlungen erfolgen, Rahmenbedingungen geschaffen und Ziele formuliert werden; kurz gesagt: nur dann entstehen die Strukturen und Abläufe, die eine Veränderung ausmachen."[161] Da Veränderungsprozesse meist parallel zu dem normalen Tagesgeschäft ablaufen, sind sie mit zusätzlichem Aufwand für die Mitarbeiter verbunden. Aus diesem Grund ist es wichtig, dem Mitarbeiter mitzuteilen, warum dieser Aufwand im Interesse des Unternehmens notwendig ist. Auch in Kapitel 5.1 wird im Rahmen des Modells von KOTTER nochmals explizit auf die Bedeutung einer Vision für das Change Management eingegangen. Denn sie ist ein wichtiger Bestandteil für einen erfolgreichen Veränderungsprozess.

4.3 Vorbildfunktion

Die Führungskraft ist die Schlüsselperson, die den zuvor genannten Erfolgsfaktor Vision kommunizieren und vor allem vorleben muss. Das heißt, dass die Mitarbeiter nur dann die Vision voller Überzeugung annehmen, wenn auch die Führungskraft ihnen diese aufzeigt und näherbringt. Hierauf trifft die Aussage von BERGER UND RINNER sehr gut zu, die besagt: „Als Führungskraft bist du Vorbild für deine Mitarbeiter. Du kannst nicht von ihnen verlangen, was du selbst nicht bereit bist zu erbringen."[162] In Zeiten des Wandels ist es besonders wichtig, dass die Führungskraft das, was sie kommuniziert, auch praktiziert und den Mitarbeitern die neue Situation, die durch die Veränderung herrscht, vorlebt. Die affektiv motivierende und integrative Art einer Führungsperson macht es möglich, den Mitarbeiter hinsichtlich der Veränderung im Unternehmen an seiner Seite zu haben. Das Ziel ist es also, den Mitarbeiter von der Veränderung so zu überzeugen, dass er sich an den Prozessen der Veränderung freiwillig beteiligt.

---

[161] Baumöl, Change Management in Organisationen, S. 122.
[162] Berger/Rinner, Best Leader, S. 50.

4.4 Partizipation

Unter Partizipation der Mitarbeiter versteht man, dass die Interessen und Meinungen dieser berücksichtigt und ihre Vorschläge bei Entscheidungen durch die Führungskraft miteinbezogen werden. Dadurch wird erreicht, dass die Mitarbeiter sich wertgeschätzt fühlen. Dies führt i.d.R. zu erhöhter Motivation. Deshalb müssen alle betroffenen Mitarbeiter in Veränderungsprozesse gezielt eingebunden werden.[163] Besonders in Change-Prozessen empfinden die Mitarbeiter den neuen Zustand als unkontrollierbar, was sich negativ auf ihre Gefühlslage auswirkt. Die Mitarbeiter erlangen daher durch eine Einbindung in dieser Situation ein stärkeres Gefühl der Kontrolle, üben keinen Widerstand aus und sind offener gegenüber den anstehenden Veränderungen.[164] Um die Veränderung weiterzutragen, sollten laut KAPPE i.d.R. zwanzig Prozent der Belegschaft das bevorstehende Vorhaben befürworten.[165]

---

[163] Vgl. Kappe, Integriertes Change Management, S. 22.
[164] Vgl. Nerdinger et al., Arbeits- und Organisationspsychologie, S. 164.
[165] Vgl. Kappe, Integriertes Change Management, S. 22.

5 Modelle zu Verhaltensweisen der Führungskräfte im Change-Prozess

Ein Veränderungsprozess kann sowohl nach eigenem Ermessen als auch durch Anwendung bewährter Modelle umgesetzt werden. In der Literatur und Praxis werden viele Modelle beschrieben. Im Folgenden werden drei der zahlreichen Modelle aufgrund ihrer Bewährtheit und Bekanntheit näher erläutert. Jeder Veränderungsprozess hat einen eigenen spezifischen Charakter, wodurch der Einsatz eines Standardprozederes nur teilweise möglich ist.[166] Die Kenntnis verschiedener Handlungsoptionen ist daher für einen Change Manager von essenzieller Bedeutung.

5.1 Das Phasenmodell nach Kotter

JOHN P. KOTTER hat ein Verfahren entwickelt, welches aus acht Stufen besteht und sich für Change-Projekte besonders eignet. Hierzu hat KOTTER rund zehn Jahre lang einhundert Unternehmen beobachtet. Das Phasenmodell stellt einen Veränderungsprozess schematisiert dar und beschreibt stufenweise, wie man sich dabei zu verhalten hat. Dieses Modell kann Führungskräften als Einleitung oder Checkliste für den idealen Umgang mit dem Wandel dienen. Im Folgenden werden die einzelnen Stufen zusammenfassend beschrieben.

---

[166] Vgl. Kraus et al., Change Management, S 128.

Modelle zu Verhaltensweisen der Führungskräfte im Change-Prozess

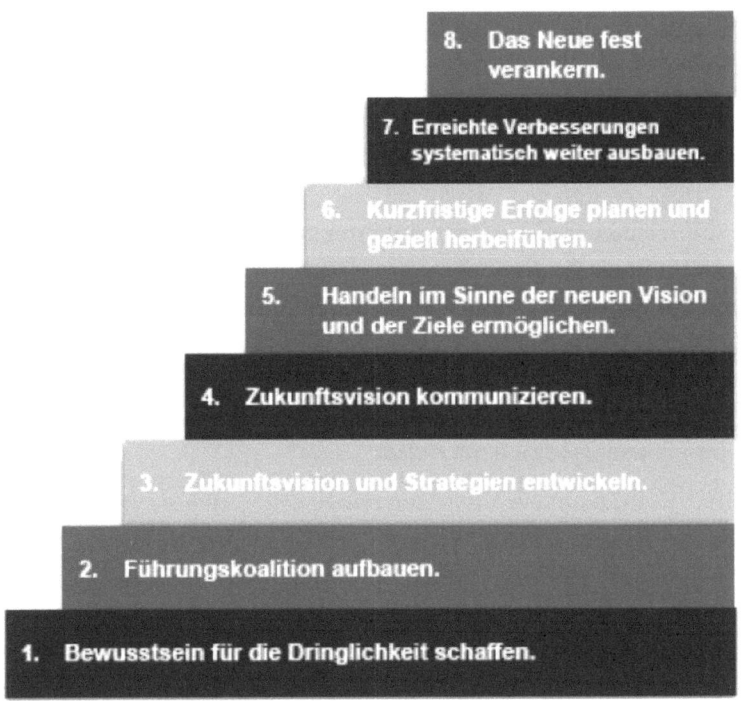

Abbildung 11: Die acht Phasen des Change Managements nach KOTTER[167]

Stufe 1: Bewusstsein für die Dringlichkeit schaffen.

Die Führungskräfte sind dafür zuständig, den Mitarbeitern die Dringlichkeit und vor allem den Sinn der Veränderung näherzubringen. Nur wenn diese Erkenntnis seitens der Mitarbeiter ausreichend vorhanden ist, sind sie gemäß KOTTER auch bereit, sich engagiert und interessiert hinsichtlich der Veränderung einzubringen. In der ersten Stufe ist es wichtig, dass die Führungspersonen sich möglichst gründlich auf die bevorstehenden Veränderungen vorbereiten.[168]

---

[167] Eigene Darstellung in Anlehnung an Kottter, Leading Change, 2007, S. 55 ff.
[168] Vgl. Kotter, Leading Change, 2011, S. 31.

Stufe 2: Führungskoalition aufbauen.

Keine Führungsperson ist im Stande, einen Change-Prozess im Alleingang erfolgreich zu managen. Aus diesem Grund ist in dieser zweiten Stufe ein Zusammenschluss einer starken, glaubwürdigen und von Erfolg geprägten Führungskoalition vonnöten. Besonders wichtig ist, dass die Mitglieder dieser Koalition dieselbe Vision und Ansichten übermitteln. Denn nur, wenn man gegenüber den Mitarbeitern gemeinschaftlich auftritt, erlangt man als Führungskoalition deren Vertrauen.[169]

Stufe 3: Zukunftsvision und Strategien entwickeln.

Durch eine bestehende Vision können die Mitarbeiter besser einschätzen, in welche Richtung die Veränderung geht, und darüber hinaus wird dadurch auch die Koordination der Mitarbeiter verbessert. Bei Veränderungsprozessen ist es von elementarer Bedeutung, eine Vision zu haben, denn sie veranschaulicht ein Bild der Zukunft.[170]

Stufe 4: Zukunftsvision kommunizieren.

Um die Vision an die Mitarbeiter zu übermitteln, sollten die Führungspersonen möglichst zu allen Kommunikationskanälen greifen. Ihre Taten und Anweisungen dürfen keinesfalls im Widerspruch zur übermittelten Botschaft stehen. Schließlich leisten die Mitarbeiter nur dann mit voller Motivation ihren Beitrag zur Veränderung, wenn auch die Zukunftsvision ihren Verstand und ihre Herzen erobert.[171]

Stufe 5: Handeln im Sinne der neuen Vision und der Ziele ermöglichen.

Nach dem Modell von KOTTER soll in der fünften Stufe erreicht werden, dass alle Hindernisse, die bei der Realisierung der Vision auftreten, beseitigt werden. Systeme, Strukturen, Vorgesetzte und Fähigkeiten stellen hierbei die größten Hindernisse dar. Deshalb ist es in diesem Schritt für den Veränderungsprozess besonders wichtig, die Mitarbeiter auf breiter Basis zu befähigen und mehr Entscheidungsspielraum zu schaffen.[172]

---

[169] Vgl. Kotter, Leading Change, 2011, S. 45.
[170] Vgl. Kotter, Leading Change, 2011, S. 60.
[171] Vgl. Kotter, Leading Change, 2011, S. 73 ff.
[172] Vgl. Kotter, Leading Change, 2011, S. 88 f.

Stufe 6: Kurzfristige Erfolge planen und gezielt herbeiführen.

Um die Motivation der Mitarbeiter aufrechtzuerhalten, ist es gemäß KOTTER notwendig, dass Führungskräfte bereits kurzfristige bzw. temporäre Erfolge kommunizieren. Damit wird sichergestellt, dass die Überzeugung der Mitarbeiter nachhaltig gesichert ist und diese somit auch zum Gelingen des Veränderungsprozesses kontinuierlich beitragen. Ohne Kommunikation der Erfolge kann der Wandel schnell an Schwung verlieren, was dazu führen kann, dass zuvor überzeugte Mitarbeiter schneller aufgeben bzw. Mitarbeiter, die der Veränderung von Anfang an kritisch gegenübergestanden haben, nicht mehr von deren Notwendigkeit überzeugt werden können.[173]

Stufe 7: Erreichte Verbesserungen systematisch weiter ausbauen.

Um den Mitarbeitern nicht den Eindruck zu vermitteln, dass durch die Zwischenerfolge die Veränderung bereits abgeschlossen ist, müssen alle erzielten Fortschritte konsolidiert und weitere Veränderungen unmittelbar eingeleitet werden.[174]

Stufe 8: Das Neue fest verankern.

All die neuen Ansätze, Praktiken, Normen und Werte sind in der Unternehmenskultur zu verankern. Damit die umgesetzten Veränderungen auch beständig bleiben, müssen die Organisationsmitglieder sie sich zu eigen machen. Die Führungskräfte haben die Aufgabe, durch adäquate Kommunikation den Mitarbeitern mitzuteilen, inwieweit die Veränderungen einen positiven Einfluss auf die Leistung der gesamten Belegschaft haben.[175]

5.2 Die Veränderungskurve: Das emotionsbasierte Modell

In Verbindung mit dem Phasenmodell von KOTTER trägt die Veränderungskurve dazu bei, der Führungskraft entlang der einzelnen sieben Phasen die benötigten Kommunikationsmaßnahmen aufzuzeigen.

---

[173] Vgl. Kotter, Leading Change, 2011, S. 103.
[174] Vgl. Kotter, Leading Change, 2011, S. 112.
[175] Vgl. Kotter, Leading Change, 2011, S. 128, 132.

Insbesondere stellt die Veränderungskurve den typischen Verlauf des emotionalen Verhaltens der Mitarbeiter in einem Veränderungsprozess dar. Aus der jeweiligen Situationseinschätzung der Mitarbeiter heraus – sei diese nun positiv oder negativ – ergeben sich die Chancen und Risiken für das erfolgreiche Abschließen der Veränderungsmaßnahmen.[176] Um die Mitarbeiter in Veränderungsprozessen besser zu verstehen und auch als Führungskraft angemessen zu handeln, ist es von großer Wichtigkeit, über die psychologischen Blockaden der Mitarbeiter in Veränderungsprozessen Bescheid zu wissen. Laut URBAN ist es vor allem für Führungskräfte notwendig, „das emotionale Erleben ihrer Mitarbeiter als wichtige Informationsquelle für die eigene Führungsaktivität zu nutzen."[177] Wie zuvor erwähnt, sind menschliche Emotionen ständige Begleiter jedes Veränderungsprozesses und beinhalten, „physiologische Erregung, Gefühle, kognitive Prozesse und Verhaltensreaktionen als Antwort auf eine Situation, die als persönlich bedeutsam wahrgenommen wird."[178] Die sieben Phasen sind bei jedem Betroffenen und Wandel identisch, allerdings entscheiden sich die Individuen hinsichtlich der Dauer jeder einzelnen Phase. Um langanhaltende Entwicklungen und Beständigkeit auf einem höheren Niveau zu erzielen, sollten nach KAPPE alle sieben Phasen im Veränderungsprozess möglichst effektiv und effizient durchlaufen werden.[179]

---

[176] Vgl. Rosenstiel, Grundlagen der Organisationspsychologie, 2003, S. 457 f.; Streich, Veränderungsprozessmanagement, 1997, S.242 ff.
[177] Urban, Emotionen und Führung, S. 12.
[178] Gerrig/Zimbardo, Psychologie, S. 454.
[179] Vgl. Kappe, Integriertes Change Management, S. 55.

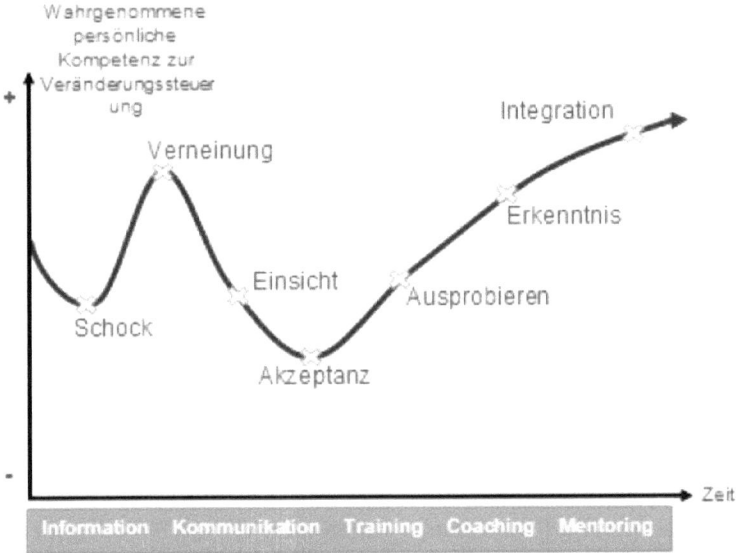

Abbildung 12: Verlauf eines Veränderungsprozesses aus Sicht der betroffenen Personen[180]

Die Abbildung 12 stellt die emotionsbasierte, siebenstufige Veränderungskurve dar.

Nach der Kundgabe des Vorhabens reagieren die meisten betroffenen Mitarbeiter mit einem **Schock**. Zu diesem Zeitpunkt werden sie mit einer für sie ungewohnten Situation konfrontiert, auf die sie sich nicht im Vorfeld haben einstellen können. Zunächst unterschätzen die Mitarbeiter die eigene Kompetenz, die bevorstehende Veränderung beeinflussen zu können. Dementsprechend wird die eigene Kompetenz niedrig eingeschätzt und ein Ohnmachtsgefühl überwiegt.

Als Nächstes folgt die Phase der **Verneinung** und Abwehr. Der betroffene Mitarbeiter wehrt sich sowohl gegen die persönliche Veränderung als auch gegen eine neue Selbstdefinition. Er ist gegenüber der Veränderung misstrauisch und hält sich an den bekannten und bewährten Strukturen und Prozessen fest. Wie die ansteigende Kurve zeigt, unterliegen die

---

[180] Vgl. Streich, Veränderungsprozessmanagement, S. 243.

betroffenen Mitarbeiter einer Wahrnehmungsverzerrung und messen ihrer Verfahrens- und Verhaltenskompetenz im Veränderungsprozess zu viel Gewicht bei. Weil sie mit dem bisherigen Problemlösungsmuster erfolgreich waren, glauben sie, diesen weiterhin beibehalten zu können. Wenn es dem Mitarbeiter gelingt, die Notwendigkeit der Veränderung nachzuvollziehen und die Selbsteinschätzung kritisch zu hinterfragen, können die Hindernisse abgebaut werden.

Daraufhin folgt als nächste Phase die Etappe der **Einsicht**, die viel mit Gefühlen wie Verwirrung, Frustration und Unsicherheit verbunden ist. Hat man den Protest gegen den Wandel überwunden, so fragen sich die Mitarbeiter selbstkritisch, ob der Wandel vielleicht doch für den nachhaltigen Erfolg des Unternehmens unabdingbar ist und ob die persönlichen Fähigkeiten hierfür tatsächlich ausreichend sind. In dieser Phase wird die persönliche Veränderungskompetenz ebenfalls als sehr gering erlebt.

Die Selbsteinschätzung der Veränderungskompetenz erreicht in der **Akzeptanzphase** ihren Tiefpunkt. Die Mitarbeiter nehmen an, dass die Veränderung sinnvoll und zwingend notwendig ist und trennen sich von ihren altbekannten Strukturen. Diese hoffnungslose Phase ist charakterisiert von Bedrücktheit, Niedergeschlagenheit und der Unterschätzung eigener Kompetenzen, denn es fehlen ab jetzt die für eine Bewältigung der neuen Situation erforderlichen Fähigkeiten und Fertigkeiten.

Zu Beginn der **Phase des Ausprobierens** eignen sich die Mitarbeiter dann die fehlenden Kompetenzen an. Denn in dieser fünften Phase werden die ersten Versuche unternommen, neue Lösungswege zu finden. Je nach Erfolg oder Misserfolg empfindet der Betroffene Freude, was die Akzeptanz der Veränderung beschleunigt oder – im Fall eines Misserfolgs – wieder zu Rückschlägen führt, die mit Ärger und Frust einhergehen. Da die Betroffenen in dieser Phase reizbar und sensibel sind, sind gerade jetzt das Erlauben von Fehlern und die Förderung der Bereitschaft besonders wichtig. Die Mitarbeiter sollen nämlich bereit sein, Risiken einzugehen und sich an etwas Neues zu wagen. Denn es besteht die Gefahr, dass der Prozess sonst im Keim erstickt und man sich wieder in der Phase der Verneinung befindet oder dass der Prozess sogar komplett abbricht.

Durch das Erfolgserlebnis oder auch die Erfahrung von Misserfolgen verstehen die Betroffenen in der Phase der **Erkenntnis**, wann und aus welchem Grund die neuen Problemlösungsmuster erfolgreich bzw. unwirksam sind. Somit steigen sowohl die persönliche Handlungskompetenz als auch die Motivation für den Wandel.

Zum guten Schluss werden im Rahmen der **Integrationsphase** die neuen Verhaltens- und Verfahrensweisen, die in den vorherigen Phasen von den Mitarbeitern als sinnvoll und erfolgreich empfunden wurden, in das aktive Handlungsrepertoire übernommen. Die Belegschaft ist dadurch selbstbewusster und fühlt sich viel kompetenter als am Anfang der Veränderungskurve. Damit ist ein sehr essenzielles Ziel des Veränderungsprozesses erreicht, und zwar das auf der psychologischen Ebene.[181]

Die Mitarbeiter müssen im Laufe des Veränderungsprozesses verschiedene emotionale Phasen durchlaufen. Diese Phasen müssen durch Führungspersonen richtig identifiziert und durch angemessene Kommunikationsmaßnahmen folgenderweise begleitet werden: Zu Beginn des Veränderungsprozesses – sprich, in den ersten drei Phasen – ist es von elementarer Bedeutung, mit allen Betroffenen klar, umfassend, rechtzeitig und ehrlich über die Ursachen und Ziele des Wandels zu kommunizieren. Den Führungskräften obliegt die Aufgabe, bei ihren Mitarbeitern ein Bewusstsein zu erzeugen, dass ihre jeweiligen Gedanken, Bedenken und Probleme hinsichtlich der Veränderung mitgeteilt werden sollen und dürfen. In der Akzeptanzphase soll das Hauptaugenmerk auf dem Aneignen von neuen Handlungsoptionen und Problemlösungsmustern liegen. Dabei sollen die ausgeprägten Kompetenzen der Mitarbeiter bewusst zur Kenntnis genommen werden. Die Führungskraft kann durch Unterstützung, Lob und Anerkennung, d. h. durch das kommunikative Begleiten, dazu beitragen, dass die Mitarbeiter die neuen Verhaltensweisen verinnerlichen und für sich für die Zukunft neue Routinen bilden.[182]

---

[181] Vgl. Vahs, Organisation, S. 338 ff.
[182] Vgl. Vahs, Organisation, S. 340 f.

5.3 Der „Golden Circle" von Sinek

Abbildung 13: Der „Golden Circle" von SINEK[183]

Das von SIMON SINEK entwickelte „Golden Circle Modell" ist ein einfaches, aber kraftvolles Modell für inspirierende Führungspersönlichkeiten. Es stellt dar, wie Kommunikationsstrategien und -konzepte am besten systematisiert werden sollten. In diesem Modell startet man mit der Kernfrage „Warum?", welche sich sehr gut mit Veränderungsprozessen assoziieren lässt. Ausgehend von dieser Kernfrage, muss man auch in Veränderungsprozessen zunächst den Mitarbeitern erklären, aus welchem Grund die Veränderung unbedingt stattfinden muss. Der Mitarbeiter muss erst den Sinn und die Notwendigkeit der Veränderung verinnerlichen. Erst danach kann man sich mit methodischen Fragen (Wie?) und inhaltlichen Fragen (Was?) auseinandersetzen.[184]

---

[183] In Anlehnung an Sinek, Start with why, S. 37 ff.
[184] Vgl. Sinek, Start with why, S. 37 ff.

6 Praxisbeispiel

In der Versicherungsbranche stellt die Digitalisierung zurzeit einen zentralen Bestandteil des Wandels vieler führender Assekuranzen dar. Im Folgenden wird anhand der AXA Konzern AG ein Praxisbeispiel in Hinblick auf die dabei zu beobachtenden Change-Prozesse bzw. Maßnahmen vorgestellt.

Um Synergieeffekte zu nutzen wurde im AXA Finanzenressort Ende 2015 eine große Zentralisierung durchgeführt. Dabei wurden Mitarbeiter, die zuvor einer gewissen Sparte oder dem Vertrieb zugeordnet waren, als Controller in das Finanzenressort integriert. Diese Umgestaltung erfolgte zum einen in einer relativ kurzen Zeit und wurde zum anderen nicht ausreichend kommuniziert. Letztendlich führte dies dazu, dass einige Mitarbeiter das Ressort Finanzen verließen oder sich neue Jobs suchten. Es lässt sich damit konstatieren, dass in diesem Fall der Change-Prozess nicht angemessen eingeleitet bzw. durchgeführt wurde, was sich letztendlich auch in den jährlichen Mitarbeiterbefragungen in Form deutlich schlechterer Ergebnisse widerspiegelte.

Im Zuge dieses Prozesses hatte man sich seitens der Leitung des AXA Konzerns entschlossen, einen internen Change-Berater hinzuzuziehen, der die Führungskräfte während des Change-Prozesses begleiten sollte. Im Rahmen dieser Kooperation wurde neben der Erarbeitung eines Zielbilds von Controlling auch der adäquate Umgang bzw. die Kommunikation mit den Mitarbeitern ausgearbeitet. Durch eine kommunikative und partizipative Art der Führungskräfte, konnten demnach den Mitarbeitern der Sinn und die Notwendigkeit dieser Maßnahme verdeutlicht werden, sodass sie mit Zuversicht nach vorne blickten.

Insgesamt ist jedoch festzustellen, dass die AXA Konzern AG bereichsübergreifend sehr viele Anstrengungen unternimmt, um ihre Mitarbeiter bzgl. der Change-Prozesse partizipieren zu lassen. So war es den Mitarbeitern möglich, bei der Ausarbeitung bzw. Gestaltung der Gesamtstrategie Ambition 2020 (5-Jahres-Strategie) auf Ebene der Ausgestaltung der verschiedenen Arbeitspakete mitzuwirken.

Dieses Praxisbeispiel zeigt, dass die Kommunikation als Führungsaufgabe eine entscheidende Rolle für das Gelingen des Change-Prozesses darstellt.

7 Zusammenfassung

Das Ziel dieser Bachelorarbeit besteht darin, dem Leser die Notwendigkeit einer gesunden Führungskultur und einer angemessenen zielgruppenorientierten Kommunikation als Teil gelungener Veränderungsprozesse zu verdeutlichen.

Unternehmen sind heutzutage immer mehr dazu gezwungen, sich dem Wandel zu stellen, um nachhaltig wettbewerbsfähig zu bleiben.

Jeder Veränderungsprozess wird von den Mitarbeitern, also dem Faktor Mensch, vorangetrieben. Doch dieser hat auch gewisse Bedürfnisse. Wenn diese Bedürfnisse nicht erfüllt werden, entsteht aus diversen Gründen Widerstand. Deshalb stehen Führungskräfte vor einer sehr komplexen und anspruchsvollen Aufgabe, wenn es darum geht, die unvermeidlichen Widerstände zu erkennen und in Katalysatoren des Wandels umzuwandeln.

In einer solchen Phase der Umbrüche reichen somit allein die fachlichen Kenntnisse nicht mehr aus. Führungskräfte müssen nun vielmehr auch persönliche, soziale und strategische Kompetenzen aufweisen. Da viele Führungskräfte oftmals keine ausreichende Vorbereitung auf ihre neue Funktion erhalten, sind sie mit der neuen Situation häufig überfordert. Dies ist umso verständlicher, als sich die Führungskräfte hierbei primär den unterschiedlichen Ausprägungen des Widerstands stellen, diese entkräften und letztendlich eine Unternehmenskultur schaffen müssen, die gegenüber Veränderungen offen ist.

Vor diesem Hintergrund wurden im Rahmen der Arbeit im Besonderen die Erfolgsfaktoren Mensch und Führung analysiert. Bei dem Faktor Mensch hat sich herausgestellt, dass er sowohl transparente als auch ehrliche Informationen benötigt, um einem Wandel positiv gegenüberzustehen. Der Erfolgsfaktor Führung muss hingegen genau diesen Bedürfnissen mit kommunikativen, partizipativen und visionären Strategien begegnen und dabei der Vorbildfunktion als wichtigstem Motivator für die Mitarbeiter gebührend nachkommen.

Nach dem aktuellen Stand der Forschung weist der transformationale Führungsstil die hierfür benötigten Führungseigenschaften auf und kann somit zum erfolgreichen Wandel beitragen.

Auch in dem besprochenen Praxisbeispiel ist deutlich zu erkennen, dass sowohl die Einbindung der Mitarbeiter in den Veränderungsprozess als auch die offene und ehrliche Kommunikation die Grundvoraussetzung für ein erfolgreiches Change-Projekt bilden.

Laut ROSENSTIEL sucht die Wissenschaft schon lange nach Wegen, die Determinanten von Führungserfolg zu bestimmen. Dabei wurden sowohl die Auswahl von talentierten Führungsnachwuchskräften als auch Schulungen über Führungsverhaltensweisen von den jeweiligen wissenschaftlichen Strömungen beeinflusst und haben ihrerseits zu Überarbeitungen der Theorien und Modelle beigetragen. Trotz dieser umfänglichen Bemühungen ist bisher kein Führungsstil bekannt, der das „optimale Führungsverhalten" beschreibt bzw. die „optimale Führungspersönlichkeit" definiert. Die Führungskraft sollte sich in jedem Fall jedoch mit ihrem Führungsverhalten der jeweiligen Situation anpassen, denn nur die Effizienz des Verhaltens ist für den Erfolg eines Führungsstils maßgeblich. Eben diese Anforderung wird dabei seitens des transformationalen Führungsstils am besten erfüllt.[185]

Zusammenfassend lässt sich somit festhalten, dass es die elementare Aufgabe der Führungskräfte ist, in jedem Veränderungsprozess den Mitarbeitern den Sinn der Veränderung zu verdeutlichen, damit diese den Wandel akzeptieren und an den Change-Prozessen aktiv mitarbeiten wollen. Auch diese Lehre ist allerdings letztlich nicht neu, denn schon Nietzsche wusste:

„Menschen sind bereit, nahezu alles zu ertragen,
wenn sie wissen, warum."
Friedrich Nietzsche (1844-1900)

---

[185] Vgl. Rosenstiel et al., Führung von Mitarbeitern, S. 26.

Literaturverzeichnis

Bartscher, T.; Stöckl, J.: Veränderungen erfolgreich managen – Ein Handbuch für Change Manager und Interne Berater, 1. Auflage, Freiburg: Haufe Verlag, 2011.

Bass, B. M.; Avolio, B. J.: Improving Organizational Effectiveness Through Transformational Leadership. Thousand Oaks, CA: Sage Publications, 1994.

Bass, B. M.; Riggio, R. E.: The Transformational Model of Leadership. In: Hickman, G. H. (Hrsg.): Leading Organizations – Perspectives for a New Era, 3. Edition, (S. 76 – 86), California: SAGE publications, 2010.

Baumöl, U.: Change Management in Organisationen – Situative Methodenkonstruktion für flexible Veränderungsprozesse. Wiesbaden: GWV Gabler Fachverlage, 2008.

Becker, M.: Personalentwicklung – Bildung, Förderung und Organisationsentwicklung in Theorie und Praxis, 5. Auflage, Stuttgart: Schäffer-Poeschel, 2009.

Berger, W.; Rinner, A.: Best Leader – Das Führungshandbuch. Zürich: Orell Füssli Verlag AG, 2008.

Blessin, B.; Wick, A.: Führen und führen lassen – Ansätze, Ergebnisse und Kritik der Führungsforschung, 7. Auflage, Konstanz: UVK, 2014.

Bookas, T.; Ludwig, L.: Change Management als wesentlicher Baustein einer effizienten Unternehmensrestrukturierung. In Richter, F.; Timmreck, C. (Hrsg.): Effizientes Sanierungsmanagement. (S. 363-399). Stuttgart: Schäffer Poeschel Verlag, 2013.

Böning, U.; Fritschle, B.: Veränderungsmanagement auf dem Prüfstand – eine Zwischenbilanz aus der Unternehmenspraxis, 1. Auflage, Freiburg: Haufe, 1997.

Brockhaus: Die Enzyklopädie. Band 12. Mannheim: Verlag F.A. Brockhaus, 1996.

Bröckermann, R.: Personalführung – Arbeitsbuch für Studium und Praxis. Köln: Bachem, 2000.

Burns, J. M.: Leadership. New York: Harper & Row, 1978.

Czichos, R.: Change Management – Konzepte, Prozesse, Werkzeuge für Manager, Verkäufer, Berater und Trainer. München, Basel: Ernst Reinhardt Verlag, 1993.

Delhees, K. H.: Führungstheorien – Eigenschaftstheorie. In: A. Kieser, G. Reber, R. Wunderer (Hrsg.): Handbuch der Führung (S. 897-906). Stuttgart: Schäffer-Poeschel, 1995.

Deutsche Gesellschaft für Personalführung e. V. (Hrsg.): Herausforderung Change Management – Mit professioneller Personalarbeit Veränderungen zum Erfolg bringen, 1. Auflage, Bielefeld: WBV, 2011.

Doppler, K.; Fuhrmann, H.; Lebbe-Waschke, B.; Voigt, B.: Unternehmenswandel gegen Widerstände – Change Management mit den Menschen, 1. Auflage, Frankfurt/Main: Campus Verlag, 2002.

Doppler, K.; Lauterburg, C.: Change Management – Den Unternehmenswandel gestalten, 13. Auflage, Frankfurt/Main: Campus-Verlag, 2014.

Doppler, K.; Lauterburg, C.: Change Management – Den Unternehmenswandel gestalten, 12. Auflage, Frankfurt/Main: Campus-Verlag, 2008.

Erdmann, G.; Popp, H.; Tolksdorf, M.: Betriebswirtschaft/Volkswirtschaft, 4. Auflage, Karlsruhe: Bildungswerk d. Deutschen Versicherungswirtschaft, 2006.

Exler, M. W.; Dohrau, N.; Eßlinger, P. et al.: Restrukturierungs- und Turnaround-Management – Strategie - Erfolgsfaktoren - Best Practice. Berlin: Erich Schmidt, 2013.

Felfe, J.: Charisma, transformationale Führung und Commitment. Köln: Kölner Studien Verlag, 2005.

Franken, S.: Verhaltensorientierte Führung – Handeln, Lernen und Ethik in Unternehmen. Wiesbaden: Gabler Verlag, 2007.

Gerkhardt, M.: Erfolgsfaktoren und Bewertungskriterien in Change Management Prozessen – Mehrebenenanalyse von drei Veränderungsprozessen innerhalb eines internationalen Automobilherstellers. Univ., Diss.—München, Hamburg: Dr. Kovač, 2007.

Gerrig, R. J.; Zimbardo, P. G.: Psychologie, 18.Auflage, München: Pearson Studium, 2008.

Graf, T., Osterloh, M.: Vertrauen durch Führung. In: Osterloh, M.; Weibel, A. (Hrsg.): Investition Vertrauen – Prozesse der Vertrauensentwicklung in Organisationen, (S. 159 - 184), 1. Auflage, Wiesbaden: Gabler, 2006.

Hartwich, E.: Grundlagen Change Management. Stuttgart: Richard Boorberg Verlag, 2011.

Hentze, J.; Graf, A.: Personalwirtschaftslehre 2, 7. Auflage, Bern: Haupt, 2005.

Hentze, J.; Graf, A.; Kammel, A.; Lindert, K.: Personalwirtschaftslehre – Grundlagen, Funktionen und Modelle der Führung, 4. Auflage, Bern: Haupt, 2005.

Hentze, J.; Brose, P.: Personalführungslehre – Grundlagen, Führungsstile, Funktionen und Theorien der Führung, Bern: Haupt, 1986.

Hron, J., Lässig, A., Frey, D.: Change Management – Gestaltung von Veränderungsprozessen. In: D. Frey, L. von Rosenstiel und C. Hoyos (Hrsg.), Wirtschaftspsychologie. (S. 120 – 125), Weinheim, Basel: Beltz Verlag. 2005.

Judge, T. A.; Piccolo, R. F.: Transformational and Transactional Leadership – A Meta-Analytic Test of Their Relative Validity. Vol. 89, No 5, S. 755-768. Journal of Applied Psychology, 2004.

Jung, H.: Allgemeine Betriebswirtschaftslehre, 10. Auflage. München: Oldenbourg, 2006.

Kappe, D.: Integriertes Change Management – die entscheidenden Erfolgshebel für Veränderung. München: Rainer Hampp Verlag, 2010.

Kämmerle, W.: Betriebliche Führungskräfte im Veränderungsprozess – Perspektiven Erfolgsfaktoren, kontinuierlicher Verbesserungsprozess. Augsburg: WEKA Fachverlag für technische Führungskräfte, 1997.

Käsler, S.: Führung im Wandel – Anforderungen an Kernkompetenzen von Führungskräften in Veränderungsprozessen. Hamburg: Diplomica Verlag GmbH, 2001. http://www.diplom.de/e-book/221801/fuehrung-im-wandel (25.06.16)

Kostka, C.; Mönch, A.: Change Management – 7 Methoden für die Gestaltung von Veränderungsprozessen, 4. Auflage, München: Hanser, 2009.

Kotter, J. P.: Leading Change – Wie Sie Ihr Unternehmen in acht Schritten erfolgreich verändern. München: Vahlen Verlag, 2011.

Kotter, J. P.: Leading Change – Why transformation efforts fail. Boston, Mass: Harvard Business School Press, 2007.

Kraus, G.; Becker-Kolle, C.; Fischer, T.: Change Management, 3. Auflage, Berlin: Cornelsen, 2010.

Lauer, T-: Change Management – Grundlagen und Erfolgsfaktoren, 2. Auflage, Berlin: Springer/Gabler, 2014.

Lieber, B.: Personalführung – ...leicht verständlich, 2. Auflage, Konstanz, München: UVK, 2011.

Lieber, B.: Personalführung – ...leicht verständlich, 1. Auflage, Stuttgart: Lucius & Lucius, 2007.

Lippold, D.: Die Unternehmensberatung. Von der strategischen Konzeption zur praktischen Umsetzung. Wiesbaden: Springer Gabler, 2013.

Lippold, D.: Die Personalmarketing-Gleichung – Einführung in das wertorientierte Personalmanagement. München: Oldenbourg, 2011.

Locke, E. A., Latham, G. P.: A theory of goal setting and task performance. Englewood Cliffs, N. J.: Prentice Hall, 1990.

Mohr, N.: Kommunikation als Interaktionsvariable. In: Kommunikation und organisatorischer Wandel – Ein Ansatz für ein effizientes Kommunikationsmanagement. Wiesbaden: Gabler Verlag, 1997.

Müller, R. C.: E-Leadership – Neue Medien in der Personalführung. Univ., Dissertation-Bern, 2008. Norderstedt: Books on Demand GmbH, 2008.

Neges, R.; Neges, G.: Führungskraft und Persönlichkeit, 1. Auflage, Wien: Linde, 2007.

Nerdinger, F. W.; Blickle, G.; Schaper, N.: Arbeits- und Organisationspsychologie. Berlin, Heidelberg, New York: Springer-Verlag, 2011.

Neuberger, O.: Personalentwicklung, 2. Auflage, Stuttgart: Enke, 1994.

Northouse, P. G.: Leadership – Theory and practice. 3. Edition, Thousand Oaks, California: Sage, 2004.

Özdemir, H.: Change Management Praxis: Strategische Organisationsentwicklung – ein Leitfaden für Führungskräfte und Berater. Berlin: Leutner, 2010.

Pelzer, G.: Führen mit links, 1. Auflage, Norderstedt: Books on Demand, 2009.

Picot, A.; Freudenberg, H.; Gaßner, W.: Management von Reorganisationen – Maßschneidern als Konzept für den Wandel. Wiesbaden: Gabler, 1999.

Pinnow, D.: Führen – Worauf es wirklich ankommt, 6. Auflage. Wiesbaden: Springer, 2012.

Pundt, A; Nerdinger, F. W.: Transformationale Führung – Führung für den Wandel? In: Grote, S. (Hrsg.): Die Zukunft der Führung (S.27-45), Berlin, Heidelberg: Springer Verlag, 2012.

Rahn, H.-J.: Unternehmensführung, 5. Auflage, Ludwigshafen: Kiehl Verlag, 2002.

Rank, S.; Scheinpflug, R. (Hrsg.): Change Management in der Praxis – Beispiele, Methoden, Instrumente, 2. Auflage, Berlin: Schmidt, 2010.

Rank, S.; Scheinpflug, R. (Hrsg.): Change Management in der Praxis – Beispiele, Methoden, Instrumente, 1. Auflage, Berlin: Schmidt, 2008.

Robbins, A: Grenzenlose Energie – das Powerprinzip. München: Heyne, 1991.

Rosenstiel, L. von: Grundlagen der Organisationspsychologie, Basiswissen und Anwendungshinweise, 5. Auflage, Stuttgart: Schäffer-Poeschel, 2003.

Rosenstiel, L. von: Grundlagen der Organisationspsychologie – Basiswissen und Anwendungshinweise, 3. Auflage, Stuttgart: Schäffer-Poeschel, 1992.

Rosenstiel, L. von; Comelli, G.: Führung zwischen Stabilität und Wandel. München: Vahlen Verlag, 2003.

Rosenstiel, L. von; Regnet, E.; Domsch, M. E. (Hrsg.): Führung von Mitarbeitern – Handbuch für erfolgreiches Personalmanagement, 6. Auflage, Stuttgart: Schäffer-Poeschel, 2009.

Schein, E. H.: Organizational Culture and Leadership – A Dynamic View. San Francisco etc.: Jossey-Bass, 1985.

Scherm, E.; Pietsch, G.: Organisation – Theorie, Gestaltung, Wandel. München: Oldenbourg Wissenschaftsverlag GmbH, 2007.

Schön, C.: Mehr als bloß ein Job: Als Führungskraft unternehmerisch denken und handeln, 1. Auflage, Offenbach: Gabal, 2011.

Sinek, S.: Start with Why – How Great Leaders Inspire Everyone to Take Action. New York: Penguin Group, 2009.

Staehle, W. H.: Organisation und Führung sozio-technischer Systeme – Grundlagen einer Situationstheorie. Stuttgart: Enke, 1973.

Steinmann, H.; Schreyögg, G.: Management – Grundlagen der Unternehmensführung: Konzepte, Funktionen, Fallstudien, 6. Auflage, Wiesbaden: Gabler, 2005.

Steyrer, J.: Theorie der Führung. In: Kasper, H.; Mayrhofer, W. (Hrsg.), Personalmanagement, Führung, Organisation, 4. Auflage, Wien: Linde, 2009.

Stock-Homburg, R.; Wolff, B. (Hrsg.): Handbuch Strategisches Personalmanagement, 1. Auflage, Wiesbaden: Gabler, 2011.

Stock-Homburg, R.: Personalmanagement – Theorien - Konzepte – Instrumente, 2. Auflage, Wiesbaden: Gabler, 2010.

Streich, R. K.: Veränderungsprozessmanagement. In: Reiß, M.; Rosenstiel, L. von; Lanz, A. (Hrsg.): Change Management – Programme, Projekte und Prozesse. Stuttgart: Schäffer-Poeschel, 1997, (S. 237-254).

Urban, F. Y.: Emotionen und Führung – Theoretische Grundlagen, empirische Befunde und praktische Konsequenzen. Wiesbaden: Gabler Verlag, 2008.

Vahs, D.: Organisation – Einführung in die Organisationstheorie und –praxis, 6. Auflage, Stuttgart: Schäffer-Poeschel, 2007.

Vahs, D.; Leiser, W.: Change Management in schwierigen Zeiten – Erfolgsfaktoren und Handlungsempfehlungen für die Gestaltung von Veränderungsprozessen, Wiesbaden: Dt. Univ.-Verlag, 2003.

Vahs, D.; Weiand, A.: Workbook Change Management – Methoden und Techniken, 2. Auflage, Stuttgart: Schäffer-Poeschel, 2013.

Wagner, K.; Patzak, G.: Performance excellence, 1. Auflage, München: Carl Hanser, 2007.

Watzlawick, P.; Beavin, J. H.; Jackson D. D.: Menschliche Kommunikation – Formen, Störungen, Paradoxien, 12 Auflage, Bern: Huber, 2011.

Weibler, J.: Personalführung, 2. Auflage, München: Vahlen, 2012.

Internetquellen

4Managers, „Führungsstile", http://4managers.de/management/themen/fuehrungsstile/, (10.07.16).

Allianz Deutschland AG, „Führungswerte Leadership Values", https://www.allianz.com/de/ueber_uns/strategie_werte/fuehrungswerte/, (10.08.16)

Dörr, S., 2008, Motive, Einflussstrategien und transformationale Führung als Faktoren effektiver Führung, a47 Consulting online (Hrsg.): http://www.a47-consulting.de/de/motive-u-führung.html, (17.07.16).

Peters & Helbig, o. Datum. Transaktionale und transformationale Führung – Formen von Führung die systemweiten Wandel fördern. www.peters-helbig.de/index.php?id=61&no_cache=0&file=41&uid=121, (15.07.16).

Volkswagen AG (Hrsg.): Geschäftsbericht 2006, Wolfsburg: 03. 2007, http://www.volkswagenag.com/content/gb2006/content/de/homepage.bin.html/downloadfilelist/downloadfile/downloadfile/file/Geschaeftsbericht_2006.pdf, (10.08.16)

Wirtschaftslexikon, „harte und weiche Faktoren", o. Datum, http://wirtschaftslexikon.gabler.de/Definition/harte-und-weichefaktoren.html, (26.06.16)

Studienverzeichnis

Bohn, U.; Crummenerl, C.: 01.2015, Capgemini Consulting – Change Management Studie: Superkräfte oder Superteam? – Wie Führungskräfte ihre Welt wirklich verändern können. https://www.de.capgemini-consulting.com/resource-file-access/resource/pdf/change-management-studie-2015_4.pdf, (26.06.16)

Deutsche Gesellschaft für Personalführung e.V. (Hrsg.): 01.2010, Change Management – Veränderungsprozesse aus Sicht des Personalmanagements. https://static.dgfp.de/assets/empirischestudien/2010/01/change-management-veraenderungsprozesse-aussicht-des-personalmanagements-befragungsergebnisse-praxispapier-1-2010-1192/changemanagement.pdf, (21.07.16)

Heupl, W.: Makrophasenmodelle und Best Practice organisationalen Wandels aus der Perspektive von Change Leadership. Univ., Dissertation-Wien, 2009. https://www.ai.wu.ac.at/~kaiser/birgit/ResearchProposal-1.doc, (12.07.16)

IW Köln (2010): SZ. Erachten Sie folgende Eigenschaften bei Führungskräften als wichtig? http://de.statista.com/statistik/daten/studie/191633/umfrage/meinung-zu-wichtigen-eigenschaften-von-fuehrungskraeften/, (17.07.16).

Jørgensen, H.-H.; Owen, L.; Neus, A.: IBM Studie – Making Change Work, 2008, Stuttgart u. a., http://www-935.ibm.com/services/de/bcs/pdf/2009/making_change_work.pdf, (21.07.16)

Kyaw, F. von; Claßen, M.: 01.2010, Capgemini Consulting – Change Management Studie: Business Transformation – Veränderung erfolgreich planen, http://wirkt.de/wp-content/uploads/Change_Management_Studie_2010.pdf, (21.07.16)

Scharioth, J. et al.: 10.2004, TNS Infratest und Siemens Studie (Hg.): Horizons 2020 – A thought-provoking look at the future http://prea2k30.scicog.fr/ressources/accesfichier/32.pdf, (25.06.16)

Fachartikel

Schmitz, E.: Con.cept-S (Hrsg.): 2003, Erfolgsfaktor Mensch - Motivation, Kommunikation und Führung bei Change Management-Prozessen, http://www.con.cept-s.de/pages/aktuelles_service.html, Link zum Dokument: http://docplayer.org/9536925-Erfolgsfaktor-mensch.html, (30.06.16)

Fachzeitschrift

Gerkhardt, M.; Frey, D.: OrganisationsEntwicklung (Hrsg.):
01.10.2006, Erfolgsfaktoren und psychologische Hintergründe in Veränderungsprozessen – Entwicklung eines integrativen psycholoschen Modells, Jahrgang 2006, Heft 04, München,
http://www.zoe-online.org/content/default.aspx?_s=300424,
(30.06.16), Link zum Dokument: